FALTPLAN

»Schreiben Sie uns!

Wir hoffen, dass Ihnen dieser Reiseführer gefällt und er Ihnen ein guter Begleiter auf einer außergewöhnlichen und spannenden Reise ist.

Weil ein Reiseführer von Erfahrungen lebt, sind wir an Ihren Erlebnissen interessiert: Haben Sie im Buch ein Restaurant entdeckt, das es nicht mehr gibt, eine Sehenswürdigkeit, die wir noch nicht aufgeführt haben, oder eine falsche Adresse? Dann schreiben Sie uns!

Wir nehmen jeden Hinweis und jede Kritik ernst und arbeiten kontinuierlich daran, die Bücher aktuell zu halten und immer weiter zu verbessern. Auch wenn wir nicht jeden Wunsch erfüllen können, machen wir uns immer Gedanken über Ihre Anmerkungen.

Schreiben Sie an: info@reise-know-how.de oder Reise Know-How Verlag Peter Rump GmbH, Postfach 140666, 33626 Bielefeld

Wenn sich Ihre Infos direkt auf das Buch beziehen, bitten wir um die Angabe der Seitenzahl und der Auflagennummer bzw. des Erscheinungsjahres. Besonders hilfreiche Beiträge belohnen wir mit einem Sprachführer Ihrer Wahl aus unserer „Kauderwelsch"-Reihe.

Herzlichen Dank und gute Reisen
Ihr Reise Know-How Verlag

Diesem Buch wurde hier ein herausnehmbarer Faltplan beigefügt.
Sollte er beim Erwerb des Buches nicht mehr vorhanden sein, fragen Sie bitte bei Ihrem Buchhändler nach.

Liebe Leserin, lieber Leser,

ein unabhängiger Verlag für unabhängig Reisende – das sind wir, der Reise Know-How Verlag aus Bielefeld, eines der letzten Familienunternehmen in der Branche. Obwohl wir zu den größten Reiseführerverlagen Deutschlands gehören, ist der familiäre Umgang miteinander in allen Bereichen des Verlagslebens zu spüren: In der Geschäftsführung in zweiter Generation, in einer wertschätzenden Arbeitsatmosphäre, in der Nähe zu unseren frei arbeitenden Autorinnen und Autoren, im engen Austausch mit unseren Leserinnen und Lesern – und auch in der Zusammenarbeit mit Druckereien in Deutschland, in denen wir ausschließlich und regional unsere Bücher produzieren. Die sollen schließlich erst mit Ihnen auf große Reise gehen.

Alles, was wir in unsere Bücher und Landkarten stecken, soll Ihnen eines ermöglichen: Auf Ihre ganz eigene, individuelle Weise die Welt zu entdecken. Wir wünschen Ihnen viel Freude und unvergessliche Erlebnisse mit diesem Reiseführer.

Es grüßen herzlich
Peter Rump & Wayan Rump

De Madrid al cielo

„Madrid me mata“: Madrid bringt mich um. Der humorvoll gemeinte Slogan zierte Mitte der 1980er-Jahre ein Kulturmagazin, damals, als die Movida-Bewegung Kultfilme von Pedro Almodóvar hervorbrachte und die Heroes del Silencio ihren Aufstieg zur Kultband begannen. Doch dann schien der Spruch bittere Wahrheit zu werden – erst wirtschaftlich durch die Immobilienkrise ab 2006, dann durch die Covid-Pandemie, als Spaniens Hauptstadt vorübergehend ein Infektions-Hotspot war und die Verantwortlichen sich nur noch mit drastischen Ausgangssperren zu helfen wussten.

Die Erfahrung zeigt: Die Madrilenen lassen sich nicht unterkriegen. Sie machen einfach weiter, lebensfroh und laut. Sie tanzen wieder Copla in Trachten und zu Latino-Pop in der Disco. Sie trinken viel Gin mit wenig Tonic und gelten im ganzen Land als *gatos* („Katzen“), weil sie ja sowieso niemals schlafen. Sie zelebrieren im August das Sommerfest Veranos de la Villa (s. S. 89) genauso wie die kostenlosen Museumsnächte im Prado-Museum 23.

Madrid ist anders: Es ist die Stadt mit den meisten Exorzisten und den wenigsten Gläubigen, mit einer zwölfspurigen, luftverpestenden Ausfallstraße und dem nachhaltigen Ökoprojekt Madrid Río (s. S. 85). Die Stadt mit über 1000 Jahre zurückliegenden arabischen Wurzeln hat mehr Terrassenbars als jede andere Stadt Spaniens, die Zeitung El País produziert das mit Abstand erfolgreichste E-Paper und Real Madrid (s. S. 44) hat bereits 97 offizielle Fußballwettbewerbe gewonnen, darunter fast zwei Dutzend Mal die Copa del Rey – königlich! Nur der Himmel ist das Ziel und so versteht sich auch der zweite Slogan der Stadt: „De Madrid al cielo“ – von Madrid in den Himmel.

Der Autor

Tobias Büscher kennt Madrid seit seinem Einzug in eine spanische WG im Stadtviertel Malasaña. Er studierte damals an der Hochschule Complutense Geschichte. Seitdem reist er immer wieder gern in die lebendige Hauptstadt Spaniens.

Heute arbeitet Tobias Büscher als Dozent für Onlinejournalismus und hat ein eigenes Redaktionsbüro: www.redaktion-koeln.de. Neben Büchern wie dem erfolgreichen Jakobsweg-Krimi „Muschelmord“ verfasst er Beiträge für die Tageszeitung taz (Berlin), den Südkurier (Bad Säckingen), diverse Magazine und das Portal www.spanien-reisemagazin.de.

125md Abb.: tb

Inhalt

◁ Don Quijote und Sancho Panza – das meistfotografierte Paar Madrids (082md Abb.: ©Renáta Sedmáková, stock.adobe.com)

Cleveres Nummernsystem

Die Sehenswürdigkeiten sind im Text und im Kartenmaterial mit derselben **magentafarbenen ovalen Nummer** ❶ markiert. Alle anderen Lokalitäten wie Geschäfte, Restaurants usw. tragen ein **Symbol und eine fortlaufende rote Nummer** (1). Die Liste aller Orte und die Zeichenerklärung befinden sich im Anhang.

Bewertung der Sehenswürdigkeiten

★★★ nicht verpassen
★★ besonders sehenswert
★ wichtig für speziell interessierte Besucher

Planquadrat im Kartenmaterial

[A1] Orte ohne diese Angabe liegen außerhalb unserer Karten. Ihre Lage kann aber wie die aller Ortsmarken mithilfe der begleitenden Web-App angezeigt werden (s. Anhang).

Alle weiteren Benutzungshinweise s. S. 142.

Madrid auf einen Blick

1cm = 300 m
0 300 m

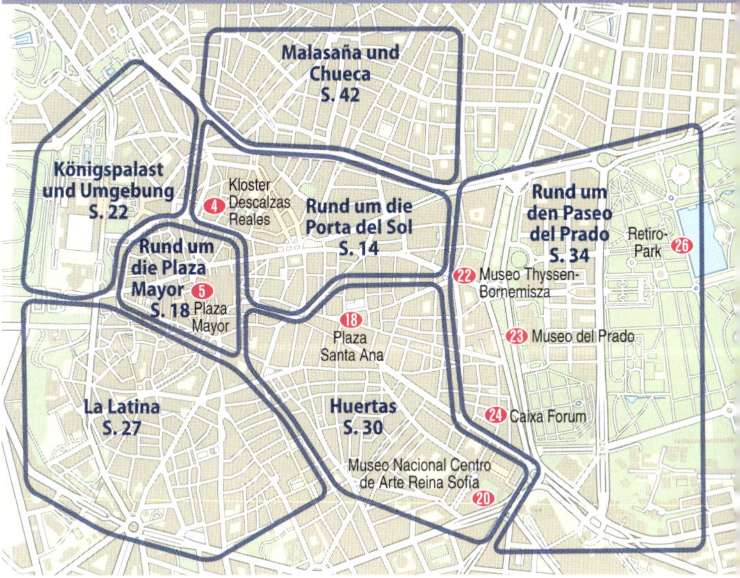

NICHT VERPASSEN!

4 Kloster Descalzas Reales [C3]
Das Kloster der „Königlichen Barfüßerinnen" ist alles andere als schlicht, sondern bietet viel Kunst, beeindruckende Wandteppiche und Fresken (s. S. 17).

5 Plaza Mayor [C4]
Wo früher Stierkämpfe abgehalten und Hexen verbrannt wurden, befindet sich heute die Schaubühne der Altstadt (s. S. 18).

18 Plaza Santa Ana [D4]
Hier liegt das Epizentrum des Nachtlebens. Nirgendwo in Madrid gibt es so viele Kneipen, Bars und Tavernen wie am und um den Platz der heiligen Anna (s. S. 30).

20 Museo Nacional Centro de Arte Reina Sofía [F6]
In dem ehemaligen, spektakulär umgebauten Hospiz hängt eines der berühmtesten Gemälde der Welt: „Guernica" von Pablo Picasso (s. S. 32).

22 Museo Thyssen-Bornemisza [F4]
Die vom Staat gekaufte Privatsammlung wertvoller Bilder ist so beachtlich wie der moderne Bau selbst (s. S. 35).

23 Museo del Prado [F4]
Die weltbekannte Pinakothek beherbergt eine Vielzahl an Gemälden berühmter Künstler des 16. bis 19. Jh., unter denen v. a. spanische Meister wie Goya und Velázquez hervorstechen (s. S. 36).

24 Caixa Forum [F5]
Das Kunstzentrum nahe den großen Museen zieht mit seiner spektakulären Architektur und den dort regelmäßig stattfindenden hochkarätigen Events sogar die größten Kunstmuffel an (s. S. 38).

26 Retiro-Park [H3]
Der Stadtpark östlich des Prado bietet Entspannung und Frischluft. Hier kann man sich von anstrengenden Rundgängen wunderbar erholen (s. S. 39).

MADRID ENTDECKEN

152md Abb.: ©ArTo, stock.adobe.com

Willkommen in Madrid

Überblick verschaffen

Madrid hat schöne Aussichtsterrassen und hohe Türme, seit einiger Zeit auch am Stadtfluss Manzanares (s. S. 85). Und im Zentrum gibt es weitere **Terrassen mit besonders schönem Ausblick** auf die Dächer der Großstadt, wie die Rooftopbar des Hotel Riu an der Plaza de España oder die Radio ME Madrid Roof Top Bar (beide s. S. 71) an der Plaza Santa Ana. Klasse ist auch der Blick auf Königspalast und Kathedrale von der ebenerdigen Terrasse Las Vistillas 16 aus. Einen Überblick aus der Vogelperspektive bietet, weit im Norden der Stadt gelegen, das Edelrestaurant Volvoreta (s. S. 67).

Zu Fuß

In Madrid macht es Spaß, **sich einfach treiben zu lassen,** vor allem im monumentalen Stadtgebiet rund um die Plaza Mayor 5 Richtung Königspalast 9 oder in die andere Richtung durch das lebhafte Stadtviertel Huertas (s. S. 30) zum Paseo del Prado [F3–5] mit seinen Museen und dem nahen Atocha-Bahnhof 27.

Schöne Areale zum Flanieren sind das Stadtviertel Chueca (s. S. 42) mit den vielen flippigen Designerläden, der monumentale Boulevard Gran Vía (s. S. 26) und La Latina (s. S. 27), das aufgrund der einladenden Tavernen an der Straße Cava Baja [B5] lockt. Die schönen Fassaden der Cava Baja wurden schon oft für historische Filmaufnahmen genutzt (s. S. 13).

Ein **Nachtspaziergang** ist rund um die Plaza Santa Ana 18 im Stadtteil Huertas ein Erlebnis und sonntagvormittags der Spaziergang über den quirligen **Rastro-Flohmarkt** (s. S. 28). Um sich auch einmal auszuruhen, bietet sich eines der vielen Cafés der Metropole an (s. S. 61) und zum größeren **Entspannen** ist insbesondere der weitflächige und grüne **Retiro-Park** 26 geeignet.

Per Touristenbus

Very british wirken die **roten Doppeldeckerbusse** mit der Aufschrift „Madrid City Tour“ (s. S. 119), die verschiedene Routen fahren: durch das historische, das moderne und das monumentale Madrid. Lohnend sind die Touristenbusse vor allem **für einen ersten Eindruck,** den man zu Fuß so schnell nicht bekäme.

Man kann **beliebig zu- und aussteigen** und erhält ein Bonusheft für den ermäßigten Eintritt in Museen. Vom offenen Obergeschoss lässt sich zudem manch gute Aufnahme machen. Ohne Zwischenausstieg ist man beispielsweise auf der historischen Route – vorbei an der Oper 12, dem Prado-Museum 23 und dem Stadttor Puerta de Alcalá [G3] – gut 75 Minuten unterwegs.

⊲ Vorseite: Unter dem schmiedeeisernen Dach des Bahnhofs Atocha 27 versteckt sich eine Palmenoase

⊳ Blick vom Aussichtsturm des Palacio de Cibeles 21 auf Madrid

Kurztrip nach Madrid

Wer nachmittags oder abends ankommt, dem sei empfohlen, rund um die Plaza Mayor 5 schon mal einen kleinen Spaziergang zu machen, später eines der guten Restaurants in der Altstadtgasse Cava Baja [B5] aufzusuchen und auf der Plaza de la Paja 15 die Abendstimmung zu genießen, etwa bei einem Drink, der bei gutem Wetter in einer der Terrassenbars (s. S. 71) am besten schmeckt.

1. Tag

Den Morgen und Mittag des ersten vollen Tages kann man sehr gut mit dem **Stadtspaziergang** ausfüllen, dessen Beschreibung sich auf S. 12 findet.

Abends

Die **Plaza Santa Ana** 18 ist **Dreh- und Angelpunkt des Nachtlebens.** Tapas bekommt man wunderbar in den angrenzenden Tavernen wie der Cervecería Alemana (s. S. 69). Für Jazzfans beginnen die Sessions im Café Central (s. S. 71) ein paar Schritte vom Platz entfernt und wer lieber Madrid bei Nacht von oben sieht, sollte mit dem Aufzug zur Radio ME Madrid Roof Top Bar (s. S. 71) hochfahren, mit seinen kultigen Sitzflächen und einer fantastischen Sicht auf die Plaza Santa Ana ein herrlicher Ort zum Chillen. Vor allem Freitag- und Samstagnacht füllen sich rund um die Plaza Sant Ana die Bars und man hat den Eindruck, die halbe Stadt sei auf den Beinen. Wer später noch tanzen gehen will, dem empfehle ich das schrille Berlin Cabaret (s. S. 70).

103md Abb.: ©dudlajzov, stock.adobe.com

2. Tag

Morgens

An Sonntagen ist von morgens bis 14 Uhr der **Rastro-Flohmarkt** (s. S. 28) dank des enormen Angebots an Kitsch, Kuriositäten und Antiquitäten ein echtes Erlebnis. Auch an anderen Tagen in der Woche ist ein Streifzug über den Rastro keine schlechte Idee, weil es dann ruhiger ist und die Läden nicht überquillen. Danach lohnt sich (ab 12 Uhr) ein Besuch der schon 1830 gegründeten Taberna de Antonio Sánchez (s. S. 64) mit Stierköpfen an der Wand, einfachen Holztischen und leckeren Säften und Aperitifs (ein Klassiker ist Wermut). Sowohl Betreiber als auch Gründer des Restaurants standen schon in der Arena.

Blick auf den Königspalast 9, in dem kein König mehr wohnt

Mittags

Zum Mittagessen ist das **En Estado Puro** (s. S. 63) mit seiner Terrasse ein Tipp, wo es mit die besten Tapas der Stadt gibt. Der sympathische Starkoch Paco Roncero hat die Tapas kreiert, sogar eine Variante von Hamburgern, nur kleiner und um Längen leckerer. Sein Restaurant liegt bereits an der **Kunstmeile Paseo del Prado**, wo man wahlweise die Pinakothek Prado 23, das Museo Reina Sofía 20 oder das Museum Thyssen-Bornemisza 22 besuchen kann. Für den Prado spricht die Goya-Sammlung, für das Reina Sofía das berühmte Guernica-Bild von Picasso und für das Thyssen-Museum die Übersichtlichkeit der gut präsentierten Werke.

Wer nicht so sehr auf Gemälde steht, aber trotzdem etwas Kunst erleben möchte, sollte das allein architektonisch fantastische Kunstzentrum **Caixa Forum** 24 (freier Eintritt) und den **Atocha-Bahnhof** 27 besuchen, der von Innen eher einem Gewächshaus gleicht. Eine lohnende

Alternative für Sportbegeisterte ist der Rundgang im nördlich an der breitspurigen Castellana gelegenen Fußballstadion Bernabéu 33. In jedem Fall entspannend ist am Nachmittag der **Retiro-Park** 26 mit seinen schönen Wegen, Spielflächen, Kleinkünstlern, dem Glaspalast und dem künstlichen See mit kleinen Ruderbooten.

Abends

Abends gibt es auch wieder für jeden Geschmack etwas: Leckere Gerichte in alternativem Ambiente bieten die Tavernen an der Straße Argumosa [E6], kastilische und baskische Lokale mit mehr Anspruch finden sich in der bildschönen Altstadtgasse Cava Baja [B5]. Und wer sich zum Abschluss richtig etwas gönnen und **kastilische Edelküche** probieren möchte, dem sei **Casa Paco** (s. S. 66) empfohlen – würdiger Abschluss eines Kurzbesuchs der spanischen Hauptstadt.

Typisch Madrid

Gibt es noch **Madrid castizo,** das „urtypische Madrid"? Doch, das gibt es! Die Stadtviertel Malasaña, La Latina und Lavapiés galten schon immer als Gegenden, in denen ein ganz bestimmter Menschenschlag lebt. **Chulos** wurden die Männer genannt, leicht großmäulige Kerle, handfest veranlagt, aber durchaus sympathisch, die sich irgendwie durchs Leben schlugen. Ihre „Señora" wurde ähnlich charakterisiert und **chulapa** genannt. Auf Festen wie San Isidro (s. S. 87) wird noch heute mit Stolz die alte **Tracht** getragen. Der chulo trug eine karierte Mütze und ein weißes Halstuch, dazu eine graue Weste oder kurze Jacke und schwarze Schuhe. Die am Arm geführte chulapa trug ein langes, buntes Kleid, das entfernt an ein Flamencokleid erinnert, dazu ein Schultertuch sowie ein helles Tuch über dem Kopf nebst der obligatorischen Nelke im Haar. Und selbstverständlich konnte das Paar den „chotis" tanzen, eine Art Nationaltanz der „madrileños".

⊻ *Auf dem Platz Juan Pujol [C/D1] sind die Bewohner meist unter sich*

009md Abb.: tb

Stadtspaziergang

Gut gerüstet für den Stadtspaziergang ist man nach einem Frühstück in der Café-Konditorei La Mallorquina (s. S. 61). Vom 1. Stock aus bietet sich eine gute Sicht auf das Treiben auf der **Puerta del Sol** 1.

Von hier aus ist es nur ein Katzensprung zur **Plaza Mayor** 5, der quadratisch angelegten Schaubühne der Stadt mit Arkadengängen, Porträtmalern und Tavernen. Wer für abends den Besuch eines Rockkonzerts, einer Oper oder einer Flamencovorstellung plant, kann sich hier im modern eingerichteten Infoamt (s. S. 111) nach den aktuellen Programmen erkundigen. Gleich neben dem Platz befindet sich die schicke **Gourmet-Markthalle Mercado de San Miguel** 7, die letzte noch erhaltene Markthalle aus Gusseisen in modernem Design.

Von hier aus geht es direkt in den Altstadtbereich mit den schönsten historischen Gebäuden. Der Spaziergang führt zur Plaza de Oriente mit dem gewaltigen **Königspalast** 9, dem sehr angesehenen Opernhaus **Teatro Real** 12 und dem Augustinerinnenkloster **Real Monasterio de la Encarnación** 13. Nun ist es nicht mehr weit bis zur **Plaza de España** 14 in nördlicher Richtung mit der Cervantes-Statue und den Figuren von Don Quijote und Sancho Panza.

Je nach Lust und Geldbeutel lohnen sich die Tavernen an der Plaza de Oriente oder Plaza de España auch für ein **Mittagessen**, das hier nicht vor 14 Uhr losgeht. Wer nur etwas Einfaches möchte und schon früher essen will, dem sei das Pans & Company (s. S. 65) an der Gran Vía empfohlen. Die **Gran Vía** ist dann auch der nächste Abschnitt des Spaziergangs. Sie lohnt zum **Shoppen** nach dem Essen, denn hier gibt es viele Mode- und Musikläden für jeden Geschmack. Wer den gemütlichen **Schaufensterbummel** fortsetzen möchte, folgt der Calle de Clavel und der Calle de San Bartolomé Richtung **Chueca** (s. S. 42). Abseits vom

Das gibt es nur in Madrid

- **Schiefe Zwillingstürme:** Die Puerta de Europa [cg] besteht aus zwei Türmen, die sich um sagenhafte 15 Grad zueinander neigen.
- **Das älteste Restaurant:** Botín heißt es, stammt aus dem Jahr 1725 und ist laut Guinness-Buch die älteste Taverne der Welt (s. S. 66). Die Preise allerdings gehen mit der Zeit.
- **Uhr der 12 Trauben:** Der Uhrenturm des Postgebäudes Casa de Correos an der Puerta del Sol 1 erscheint an Silvester auf jedem Bildschirm des Landes. Bei jedem der 12 letzten Gongschläge des Jahres wird eine Traube geschluckt.
- **Der Leibhaftige:** Im Retiro-Park 26 steht eine Statue des Teufels: der „Angel Caído" (gefallene Engel).
- **Geister-Gleise:** Die Station Chamberí der Metrolinie 1 hat sich seit 1966 samt seiner Kachelwerbung nicht verändert – zum Gruseln (s. S. 43).

Routenverlauf im Stadtplan

Der hier beschriebene Spaziergang ist mit einer farbigen Linie im Stadtplan eingezeichnet.

Mainstream haben sich dort viele junge Designer angesiedelt. **Nach diesem Spaziergang** würde ich mich in der Unterkunft etwas ausruhen, denn die Nacht kann – wenn man möchte – ziemlich lang werden.

145md Abb.: ©ArTo, stock.adobe.com

Buntes Treiben herrscht auf der Plaza Mayor 5

Mola, Maura, Madrid: Die Stadt als Filmset

„Was? Schon wieder ist die Straße für den Verkehr gesperrt?" – Das dachten wohl die Anwohner des berühmten Boulevards Gran Vía (s. S. 26) im Oktober 2022. Wieder einmal wurde die Straße zum Drehort, diesmal für die Serie „All die Namen der Götter" von Actionregisseur Daniel Calparsoro. Der Dreh begann um sechs Uhr morgens und dauerte Stunden, zum Glück an einem Sonntag.

Allein 2022 sind in Spaniens Hauptstadt 47 Spielfilme entstanden, das ist bisheriger Rekord. Rechnet man Werbeclips und Dokus dazu, sind es fast 900 Arbeiten.

Zu den bemerkenswertesten Spielfilmen mit Set in der Stadt zählt der zweite Teil der Erfolgskomödie „Wir sind Champions" („Campeones") von Regisseur Javier Fesser. Er handelt von Männern mit Downsyndrom, die als Basketballmannschaft durchstarten. Teil 1 brachte dem Regisseur bereits den „Goya" für den besten Film des Jahres (2019).

Madrids Bürgermeisteramt kann bei so viel cineastischer Aufmerksamkeit nur jubeln. Die im 18. Jh. spielende TV-Serie „Die Köchin von Castamar" wurde unter anderem im Palacio del Infante don Luis 20 km westlich von Spaniens Hauptstadt gedreht. Der Film „Allein unter Nachbarn" („La comunidad") ist eine Gruselgroteske über eine mordlüsterne Hausgemeinschaft nahe der Gran Vía von Regisseur Alex de la Iglesia mit der begnadeten **Carmen Maura,** die einst von **Pedro Almodóvar** entdeckt worden war. Die Touristinfo an der Plaza Mayor (s. S. 111) informiert über einen Streifzug zu den Spielfilmsets Almodóvars.

Sehr populär sind in Spanien auch die Adaptionen der Bücher **Carmen Molas.** Die Serie „La novia gitana" entstand teils in Madrid. Die Carmen-Mola-Bücher sind die erfolgreichste Kitschroman-Reihe Spaniens, allerdings handelt es sich nicht um eine Autorin, sondern um drei Männer, die unter Pseudonym arbeiten. Das kam erst heraus, als sie den angesehenen Literaturpreis Planeta entgegennehmen sollte – und natürlich nicht konnte. Auch filmreif, oder?

Mittendrin: Rund um die Puerta del Sol

Mitten im Zentrum Madrids liegt die Puerta del Sol und in der unmittelbaren Umgebung des Platzes einige richtig gute Sehenswürdigkeiten, vor allem das Kloster Descalzas Reales. Auch das Café des Círculo de Bellas Artes sollte man sich nicht entgehen lassen.

1 Puerta del Sol ★ [D4]

Die Puerta del Sol ist das kommerzielle Zentrum und der Haupttreffpunkt von Madrid. In den hier beginnenden Einkaufs- und Fußgängerzonen dominiert der Kaufhausgigant El Corte Inglés (s. S. 79) und auch Ketten wie Zara können nur wenige der traditionellen Geschäfte standhalten.

Ein Hauch des 19. Jh. spürt man noch im Geschäft **Casa de Diego** (s. S. 79) in der Nummer 12. Seit 1858 verlässt man sich hier auf den Werbespruch *mañana lloverá* („morgen wird es regnen"), um den Verkauf der Regenschirme anzukurbeln. Wenn die stechende Sonne ab dem Frühjahr diesem Slogan jegliche Wirksamkeit nimmt, floriert der Handel mit den vielfältigen Modellen an Fächern.

Eine seltsame Mischung aus Vergangenem und Neuem findet man in der **Konditorei Mallorquina** (s. S. 61), die direkt an der Ecke zur Calle Mayor liegt. Während im Erdgeschoss fließbandartig die süßen Teilchen über die Verkaufstheke geschoben werden, lebt im oberen Stockwerk eines der Cafés aus der Zeit um 1900 weiter. Wer die in Madrid so bekannten *trufas* noch nicht kennt, hat hier eine gute Gelegenheit, die üppige Schokoladenpraline zu probieren. Bei einem guten *café con leche* (Milchkaffee) lässt sich von einem Fensterplatz im 1. Stock aus das bunte Treiben auf der Puerta del Sol in aller Ruhe genießen.

Auffallend ist auch das Stadtwappen, der **Oso y el Madroño** („Der Bär und der Erdbeerbaum"). Der hoch aufgerichtete Bär nascht erdbeerähnliche Früchte vom Baum und das schon seit 1967. Wenige Meter entfernt haben die Madrilenen ihrem **Carlos III.** ein Denkmal gewidmet: Schließlich hat der mächtige Herrscher und „beste Bürgermeister" der Stadt das Gesicht des Platzes entscheidend mitbestimmt.

Die Puerta del Sol ist eine einzige **Fußgängerzone,** selbst Fahrräder müssen geschoben werden. Ebenso sind die zehn abgehenden Straßen ausschließlich Fußgängern vorbehalten, motorisierter Verkehr ist hier nicht mehr erlaubt.

Unterirdisch kreuzen sich hier drei Metrolinien und ein Nahverkehrszug. Sternförmig beginnen zehn Straßen an der Puerta del Sol, von der aus auch alle Entfernungen der Nationalstraßen gemessen werden. Auch wenn sich der geografische Mittelpunkt des Landes etwa 10 km weiter südlich befindet, liegt der **Kilometer Null** seit 1950 direkt auf der Puer-

KURZ & KNAPP

Losverkäufer

Para hoy („für heute") und *tengo el gordo* („ich habe den Hauptgewinn") hört man regelmäßig die Lottoverkäufer rufen. Sie sind blind oder stark sehbehindert und gehören der Nationalen Blindenorganisation Spaniens an (*Organicación Nacional de Ciegos de España* = ONCE). Die soziale Einrichtung sichert ihren Mitgliedern einen festen Lebensunterhalt.

MEIN TIPP

Legenden des Fußballs

Fußballfans aufgepasst: In einer sich über vier Etagen erstreckenden Ausstellung werden Trikots der weltbesten Spieler, Historisches der spanischen und internationalen Ligen, Wissenswertes zur Champions League und zum Frauenfußball, historische Ausrüstungsgegenstände und vieles mehr präsentiert.

5 [D4] **Legends – The Home of Football,** Carrera De S. Jerónimo 2, https://legends.football, Mo.–Fr. 12–20, Sa., So. 10–20 Uhr, Eintritt: 23 €

ta del Sol und wurde damit zum verkehrstechnischen Nabel ganz Spaniens. Auf dem Trottoir vor dem ehemaligen **Postgebäude Casa de Correos** mit der Nummer sieben und dem heutigen Sitz der Regionalregierung Madrids ist er in Stein eingraviert.

Das **einstige Tor** *(puerta)*, das dem Platz seinen Namen gab, wurde im Rahmen einer Festungsanlage 1539 im Kampf gegen die Regionalisten errichtet. Die Chronisten streiten sich über die Herkunft des Namens „Puerta del Sol" („Sonnentor"). Fraglich bleibt, ob sie ihren Namen der Ausrichtung des Tores in Richtung Osten oder einer zur Dekoration der Festung aufgemalten Sonne verdankt.

Nach den Kämpfen um 1577 wurde das Tor beseitigt und der Platz von Grund auf neu strukturiert. Einige Gebäude riss man ab und die ersten Wohnblocks rund um den Platz entstanden. 1766 begann der Bau des Postgebäudes, ein Jahrhundert später wurde ein kleiner **Uhrturm mit goldener Glocke** auf die Post gesetzt. Genau zwölf Sekunden vor Jahresende steht dieses Uhrtürmchen im Blickpunkt der ganzen Nation: Dann nämlich kommt es darauf an, zu jedem der zwölf letzten Gongschläge des alten Jahres eine Traube zu essen. Symbolisch wird jede gegessene Traubenbeere zu einem guten Monat im neuen Jahr.

› Metro: Sol

KURZ & KNAPP

Bär am Erdbeerbaum

Das Wahrzeichen Madrids symbolisiert die Union zwischen Adel (Bär) und Klerus (Baum). Erdbeerbäume wachsen als Heidekräuter vor allem auf den Kanaren. Ihre Frucht ist roh ungenießbar, aber für Marmelade und Liköre *(Licor de Madroño)* gut geeignet.

2 Akademie der Schönen Künste (Real Academia de Bellas Artes) ★★ [D3]

Um Bilder der berühmten Maler zu sehen, geht so ziemlich jeder in den Prado 23. Und genau deshalb ist die Real Academia de Bellas Artes eine **wunderbare Alternative,** denn hier gibt es selten Besucherschlangen und überfüllte Kunstsäle. Die Idee der Gründung einer Königlichen Akademie hatte der Bourbonenkönig Fernando V. (1700–1746). Im Geiste der Aufklärung förderte er junge Künstler aus Spanien und Europa.

Eine der wichtigsten Persönlichkeiten in der Geschichte der königlichen Kunstakademie war der Böhme **Anton Raphael Mengs** (1728–1779). Nachdem er 1761 zum spanischen Hofmaler ernannt wurde, war der Neoklassiker der unumstrittene Meister der Kunstszene und dominierte sie viele Jahre. In den Ateliers der Akademie entstanden auch die Radierungen „Los caprichos" („Die Launen") von **Goya,** der später selbst

Direktor der Akademie war. Seine im Goya-Saal ausgestellten Werke „Das Inquisitionstribunal“, „Irrenhaus“, „Stierkampf am Ort“, „Das Begräbnis der Sardine“ und zwei Selbstporträts gehören zu den Hauptattraktionen des Museums. Später studierten hier auch Picasso und Dalí, letzterer bis zu seinem Rauswurf.

Neben den **spanischen Meistern des 17. Jahrhunderts** (Ribera, Zurbarán, Murillo und Velázquez) hängen im Akademiegebäude auch die berühmten Porträts von Mengs sowie Werke von van Dyck und Rubens. Insgesamt besitzt die Akademie rund 1400 Gemälde.

› Alcalá 13, Metro: Sol oder Sevilla, www.realacademiabellasartessanfernando.com, Di.–So. 10–15 Uhr, Eintritt: 9 €, erm. (über 65 Jahre, Studenten bis 25 J.) 5 €, unter 18 Jahre gratis, Mi. generell gratis

3 Círculo de Bellas Artes ★★ [E3]

In der Calle de Alcalá 42 hat der **Kreis der Schönen Künste** seit 1919 seinen Sitz. Antonio Palacio, der Architekt des heutigen Rathauses im Palacio de Cibeles 21, entwarf auch die Pläne für dieses Gebäude. In dem mächtigen Bau ist seitdem ein **Kunstzentrum** mit Ausstellungsräumen, Theatersälen, Räumen für Projektgruppen und Workshops, Ateliers, Bibliothek, Billardraum und Kino untergebracht. Ein im Foyer ausliegendes kleines Monatsheft informiert über die Aktivitäten des Kreises. Der **Karneval-Maskenball** des Círculo de Bellas Artes gehört zu den großen gesellschaftlichen Ereignis-

Mein Tipp

Im Café des Círculo de Bellas Artes

In der hohen, ehrwürdigen Halle mischen sich Gespräche über Kunst und Kultur mit Geplänkel und Tratsch. Die Tische gruppieren sich um einen weiblichen Akt aus Marmor, den der Bildhauer Moisés Huerta angefertigt hat. Nicht nur im Sommer gibt es Sitzgelegenheiten auf dem breiten Bürgersteig der Calle de Alcalá, wo immer noch etwas Verkehr vorbeifließt.

› **La Pecera del Círculo de Bellas Artes 3**, https://lapeceradelcirculo.com, Mo.–Do. 9–1, Fr., Sa. 9–3, So. 9–12 Uhr

038md Abb.: tb

sen der Stadt. Im Erdgeschoss des Gebäudes ist ein der Öffentlichkeit zugängliches Café der Extraklasse eingerichtet (s. S. 16).

› Calle de Alcalá 42, Metro: Banco de España oder Sevilla, www.circulobellasartes.com, Infos über aktuelle Theaterstücke auf der Website, Eingang für Theaterkasse und Buchhandlung in der kleinen Seitengasse Marqués de Casa Riera (Ecke Alcalá), Ausstellung: Di.–So. 11–14, 17–21 Uhr, Eintritt: 5 €, inkl. Besuch der Dachterrasse

4 Kloster Descalzas Reales ★★★ [C3]

Ein Juwel für Kunstliebhaber, das viel Geschichte atmet.

Mitten im betriebsamen Viertel der Einkaufspassagen liegt das Kloster der „Königlichen Barfüßerinnen". Hinter dem Eingangstor in den mächtigen Mauern aus dem 16. Jh. verbergen sich **Kunstwerke, die viele Jahrhunderte unzugänglich waren.** Seit 1986 sind Teile des Klosters, in denen die noch heute etwa 30 Klarissinnen nicht wohnen, zu bestimmten Uhrzeiten für Besucher geöffnet. Was sich in der langen Geschichte des Ordens angesammelt hat, ist überwältigend und beeindruckend. Das Armutsgelübde des Ordens wurde in diesem Kloster offensichtlich nicht sehr streng gehandhabt.

Die Gründerin des Klosters war Prinzessin Juana, Tochter Königs Carlos V., die nach dem frühen Tod ihres Gatten und portugiesischen Kronprinzen jung verwitwet von ihrem Vater nach Madrid zurückbeordert wurde. Sie wählte ihr Geburtshaus, den ehemaligen Renaissancepalast des Schatzmeisters Alonso Gutiérrez, als Sitz des Klosters aus. Noch heute erinnern Kacheln an Wänden und Böden in den kleinen Kapellen an den **ehemaligen Palast.**

Der „Bettelorden" nannte sich bald „Descalzas Reales", also „Königliche Barfüßerinnen", und wurde zum **Hort für Prinzessinnen und Fürstentöchter.** Manche von ihnen wollten dem weltlichen Leben den Rücken kehren, andere wurden regelrecht ins Kloster verbannt. Weil sie alleinstehend, verwitwet oder illegitime Sprösslinge waren, passten sie nicht in die bigotte Adelsgesellschaft ihrer Zeit. Aussteuer und Geschenke an die Klarissen erklären den **Reichtum des eigentlichen Bettelordens.** Im gesamten Konvent sind Porträts von Prinzessinnen und Prinzen zu sehen. Die Herkunft dieser Bilder ist teils unklar, schließlich waren die Nonnen keine Expertinnen in Sachen Katalogisierung und Konservierung von Kunst.

Im ehemaligen Schlafsaal ist heute die **Pinakothek** eingerichtet. Hier sieht man flämische Tafelbilder, Werke von Adriaen Isenbrant, Dirk Bouts, Tizian und spanischen Meistern wie Zurbarán und Murillo. Interessant ist auch die einzigartige Gobelinserie nach Entwürfen von Rubens' „Triumph der Eucharistie" (im Prado 23).

Insgesamt spiegelt das Klostermuseum eindrucksvoll die Pracht und den Prunk dieser vergangenen Jahrhunderte wieder. Der **Eintritt ist nur mit Führung möglich,** die etwa eine Stunde dauert und kaum ausreicht, um die vielen Kunstschätze eingehend wahrzunehmen.

› Monasterio de las Descalzas Reales, Plaza de las Descalzas, Metro: Sol, Di.–Sa. 10–14 und 16–18.30, So. 10–15 Uhr, Eintritt: 8 €

‹ Nackte Schönheit aus Marmor im Café des Círculo de Bellas Artes

Madrid der Habsburger: Rund um die Plaza Mayor

Das „Madrid de los Austrias“ gehört zu den urwüchsigsten Teilen der Stadt, in dem altes Mauerwerk kaum durch moderne Bauten ersetzt wurde. Man kommt auf luftige Terrassen, vorbei an Läden mit bunten alten Kachelfassaden. Und natürlich haben die Besitzer der Tavernen innerhalb dicker Granitmauern ihre Fassaden als Blickfang mit buntem Schnickschnack behängt, Gitarrenspieler legen stolzen Blick und besonders spanische Gestik an den Tag und die Poster von farbenfroh-kitschigen Stierkampf- und Flamencomotiven sind abends allgegenwärtig. Doch all dies kann dem Reiz der Gegend nicht viel anhaben.

5 Plaza Mayor ★★★ [C4]

Madrids Schaubühne ist so erhaben wie lebhaft.

Wer früh am Morgen hierher kommt, spürt die ganze Weite dieses schönen Platzes. Dann sieht man nur ein paar Passanten über das Pflaster gehen und die Sonnenstrahlen klettern langsam über die Bauwerke des – nach der Plaza Mayor in Salamanca – zweitschönsten Platzes Spaniens. Doch im Laufe des Tages ändert sich die Szenerie. Stühle und Tische werden vor die Cafés gestellt, Zeichner porträtieren, verschönern oder karikieren Kunden und Politiker und Touristen knipsen das **Reiterstandbild** von Felipe III.

Achten Sie einmal auf das Maul des Pferdes: Es ist geschlossen. Früher flogen Spatzen in das Pferdemaul, konnten im Innern aber die Flügel nicht mehr ausbreiten, um wieder herauszukommen. So wurde das Pferdemaul über Jahrhunderte bis zur Zweiten Republik Anfang der 1930er-Jahre zu einem wahren Vogelfriedhof. Bei der Proklamation der Republik steckte jemand Feuerwerkskörper durch den Schlund in das Innere des Rosses. Nachdem es aus dem Maul geballert und gefunkt hatte, entdeckte man Hunderte kleiner Knochen. Bei der Restaurierung der Statue wurde die Maulöffnung daher geschlossen und seitdem flattern die Vögel gefahrlos um das Denkmal herum.

An dieser Stelle des Platzes lag einst ein staubiges Plätzchen außerhalb der Stadtmauer, bis Juan de Herrera 1590 mit der Planung eines repräsentativen Platzes beauftragt wurde. Sein Nachfolger Juan Gómez de Mora stellte das Rechteck mit dem Säulengang zwischen 1617 und 1619 unter König Felipe III. fertig.

Vier schlichte Türme flankieren die **Real Casa de la Panadería** („Königliches Bäckerhaus“) an der Nordseite des Platzes, wo einst der Weizen gehandelt und das Brot für den Königshof gebacken wurde. Es ist an der Fassadenmalerei mit mythologischen Figuren zu erkennen, die der Madrider Künstler Carlos Franco malte. Vom Balkon des Gebäudes rief 1820 Ferdinand VII. – mehr genötigt als freiwillig – die spanische Verfassung aus. Heute hält man von hier aus Festreden und eröffnet Stadt-

KURZ & KNAPP

Plaza Mayor in Zahlen

Sie ist 120 mal 90 Meter groß, der Arkadengang besteht aus 114 Bögen und sieben Toren, zählt 377 Balkone und 76 Fensterluken in den Dächern, die sogenannten *buhardillas*.

039md Abb.: tb

⌃ *Auf der Plaza Mayor haben die Maler immer Hochkonjunktur*

feste. Im Erdgeschoss ist die zentrale **Touristeninformation** (s. S. 111) untergebracht.

Der Platz war lange Zeit **Dreh- und Angelpunkt der Stadtgeschichte.** Auf dem einst zentralen Handelsplatz kamen die Bäcker und Fleischer, Tücher, Zwirn und Stoffe lagen aus, Markt wurde abgehalten. San Isidro sprach man hier 1620 heilig, Könige wurden proklamiert, Pferderennen und Turniere organisiert und Stiere gehetzt. Der Platz war eine Bühne und die Fenster wurden zu Logen. Das grausige **Inquisitionsgericht**, erst Anfang des 19. Jahrhunderts endgültig abgeschafft, verurteilte hier im Mittelalter an manchen Tagen bis zu 110 Angeklagte, von denen viele noch am selben Tag auf dem Scheiterhaufen nördlich des Platzes verbrannt wurden. Soziale Auseinandersetzungen im 19. Jh. und politische Veranstaltungen nach Francos Tod machten ihn zum Ort politischer Agitation.

Heute hat sich die Plaza Mayor beruhigt. Selbst die Autos, die man auf Fotos noch über den Platz fahren sieht, sind längst verbannt. Was bleibt, ist ein **geräumiger Treffpunkt, Ort kultureller Veranstaltungen** wie Rockkonzerte, Klassik-, Theater- und Flamencoaufführungen. Sonntags kommen die Münz- und Briefmarkensammler auf den Markt, Restaurants und Cafés brutzeln Spanferkel und lassen Espresso aus Maschinen dampfen. Der Platz kommt erst spät zur Ruhe. Die letzten Besucher werden spätestens von den Stadtreinigern vertrieben, die aus Wagen mit dicken Feuerwehrschläuchen über den Platz spritzen, um ihn auf den nächsten Tag vorzubereiten.

› Metro: Sol

6 Colegiata de San Isidro ★ [C5]

Die Kirche San Isidro Labrador wurde im 17. Jahrhundert erbaut und gehörte zunächst den Jesuiten, bis man diese 1767 vertrieb. Mit dem lateinischen Kreuz als Grundriss ist das Gotteshaus **eines der großen Werke barocker Architektur.** 1885 wurde es

von der Diözese Madrid-Alcalá zur Kathedrale erhoben und blieb es, bis die Almudena-Kathedrale (11) 1993 endlich fertig war.

Im ersten Jahr des Bürgerkriegs gingen bei einem Brand die Kunstschätze im Kircheninnern verloren. Heute befinden sich darin die Reste des **Schutzheiligen der Stadt, San Isidro**, weshalb sie für die Madrilenen eine ganz besondere Bedeutung hat. Vor allem beim Stadtfest zu Ehren des Heiligen im Mai (Fiesta de San Isidro, s. S. 87) finden Prozessionen zur Kirche stadt, die den Verkehr drumherum für Stunden lahm legen.

› Calle Toledo 37, Metro: La Latina, tgl. 7.30–13, 18–21 Uhr

Die Fassade der Kollegiatskirche San Isidro (6)

(7) Mercado San Miguel ★★ [B4]

An der Plaza de San Miguel gleich westlich der Plaza Mayor befindet sich die gusseiserne Markthalle Mercado de San Miguel. Das Bauwerk aus Glas und Eisen, wegen der miserablen hygienischen Zustände auf dem Marktplatz errichtet, ist eine abwechslungsreiche Komponente zwischen den schwerfälligen Backsteinbauten. Innerhalb der wohl **schönsten Markthalle der Stadt** ist ziemlich viel Betrieb, werden Kabeljau, Champagner und Backwaren gehandelt.

Einst war es eine einfache Markthalle mit viel Lärm und Geklapper, heute ist es eher ein **Gourmettempel mit internationalen Produkten**, der liebevoll restauriert wurde.

› Plaza de San Miguel, Metro: Sol, www.mercadodesanmiguel.es, So.–Do. 10–24, Fr., Sa. 10–1 Uhr

(8) Plaza de la Villa ★ [B4]

Die wunderschöne Plaza de la Villa ist der älteste zivile Platz der Stadt und stammt aus dem 15. Jahrhundert. An die 35 mal 70 m große Fläche schließt sich eine Filiale des Rathauses, die Casa de Cisneros und der Torre de los Lujanos an.

Das **Rathaus** *(ayuntamiento)* plante Juan Gómez de Mora 1586 im nüchternen Herrera-Stil der Spätrenaissance. Ende des 18. Jahrhunderts fügte Juan de Villanueva einen Balkon mit Blick auf die Calle Mayor hinzu. Einst konstitutionelles Haus und Gefängnis in einem, bietet das *ayuntamiento* einen Lichthof, eine Gobelinsammlung, repräsentative Räume und den Salón de Goya, der das Bild „Allegorie von Madrid“ be-

herbergt. Der Bürgermeister allerdings residiert inzwischen im Palacio de Cibeles am Paseo del Prado (siehe 21).

Die **Casa de Cisneros** ist durch eine geschlossene Brücke mit dem *ayuntamiento* verbunden. Ein Verwandter des Kardinals und Kanzlers Cisneros, Gründer der Universität Alcalá de Henares, ließ es im 16. Jahrhundert errichten. Die Hauptfassade ist auf die Calle del Sacramento gerichtet und beispielhaft für die dekorative Spätgotik.

Das älteste Gebäude am Platz gegenüber dem Rathaus, der **Torre de Lujanos**, ist für Besucher geschlossen. Der Turm aus dem 15. Jahrhundert gehört zu den wenigen erhaltenen zivilen Bauten seiner Zeit, angeschlossen ist heute die Königliche Akademie für Ethik und Politikwissenschaften. In dem Turm ließ Carlos V. seinen Gegner Franz I. nach der Schlacht von Pavia 1525 festhalten. Doch einen so großzügig behandelten Gefangenen hatten die Madrider Gefängnisse sonst wohl selten. Der französische König nahm an Banketten teil, war Gast zahlreicher Feierlichkeiten und spazierte frei durch Madrids Straßen und Anlagen.

Direkt nebenan an der **Plaza del Rollo** stehen fünf Skulpturen zur Erinnerung an die 449 unter Franco in deutsche Konzentrationslager deportierten Madrilenen, das **Memorial de la Deportación.** In drei der Stelen sind die Namen der Opfer eingraviert.

› Metro: Ópera

Die malerische Plaza de la Villa mit dem Rathaus

Prunk und Musik: Königspalast und Umgebung

Rund um die Plaza de Oriente mit ihren Statuen und Cafés liegen der Königspalast und die Oper, hier zeigt sich Madrid von seiner historisch-monumentalen Seite. Die Gegend ist die gepflegteste der Stadt und die Wohnungen sind die teuersten weit und breit.

9 Palacio Real ★★ [A3]

Das gewaltige Bauwerk wurde nach französischem Muster (Versailles) errichtet.

Der Palacio Real, auch Palacio de Oriente genannt, ist eine wuchtige Steinanlage, die mit dem maurischen *alcázar* (Burgsschloss) von einst an derselben Stelle nichts mehr gemein hat. Dem ersten Bourbonenkönig Felipe V. gefiel die zugige, unkomfortable arabische Festungsanlage ohnehin nicht. Und als in der Weihnachtsnacht 1734 eine Gardine Feuer fing, was das ganze Schloss in Schutt und Asche legte, frohlockte Felipe insgeheim. Jetzt konnte er es den Adelskollegen in Versailles endlich zeigen: Ein riesiges, prächtiges Schloss sollte entstehen, vor dem man in Frankreich vor Neid zu erblassen hatte.

Der König engagierte italienische Architekten wie Sacchetti, ließ grauen Granit aus der Sierra de Guadarrama und weißen Colmenar-Stein holen. Durch den Brand hatte man ge-

Blaue Flagge
Weht am Königspalast die blaue Flagge, dann ist seine Hoheit König Felipe VI. gerade zugegen. Will heißen: Das Volk muss draußen bleiben.

lernt, völlig auf brennbares Material zu verzichten. **An der Konstruktion waren Generationen von Baumeistern** beteiligt und über die Jahrzehnte hinweg starben zahlreiche Arbeiter bei den gefährlichen Bauarbeiten. Im Jahr 1764, nach 26 Jahren, stand das quadratische Bauwerk schließlich, der Innenhof wurde gepflastert, die Räume ausgestattet und König Carlos III. bezog als erster die teils noch unfertigen Gemächer. Abgesehen von der Besetzung durch Napoleon bewohnten die spanischen Könige das Schloss bis 1931, als die Zweite Republik König Alfonso XIII. vertrieb. Noch kurz vor seinem Tod 1975 wetterte Franco vom Balkon aus gegen ausländische „Verleumdungen", verteidigte die letzten Todesurteile und hetzte gegen die Kommunisten.

Wuchtige Quadersteine und ein gewaltiges Fundament stützen das Schloss, das nach außen von der traditionell reichen Dekoration des spanischen Barock absieht. Ist es überhaupt spanisch? Die Fenster erinnern an den Pariser Louvre und die vier vorgezogenen Palastecken sind nicht in der Art der spanischen Schlösser nach oben gezogen. Dennoch erkennen Kunstverständige im Palacio Real einen spanischen *alcázar:* **dominant, unnahbar, fast einschüchternd.**

Die **Hauptfassade** zeigt nach Süden zur Plaza de la Armería, von wo aus man die Schlossanlage im Sonnenlicht glitzern sieht. Dahinter liegt die Parkanlage **Campo de Moro,** von der aus die Araber vergeblich versuchten, die alte Festung einzunehmen. (Die Pest vertrieb sie.) Der Blick schweift von hier aus über den Manzanares-Fluss auf den Dunst der Vorstadt.

› Eingang Calle Bailén, Metro: Ópera, www.patrimonionacional.es, April–Sept. Mo.–Sa. 10–19, So. 10–16, Okt.–März Mo.–Sa. 10–18, So. 10–16 Uhr, bei Festakten geschlossen, Eintritt: 14 €, erm. (über 65 und 5–16 Jahre) 6 €, Kombiticket mit Galería de las Colecciones Reales 10 24 € (nur online). April–Sept. Mo.–Do. 17–19 und Okt.–März Mo.–Do. 16–18 Uhr freier Eintritt für EU-Bürger. Audioguide 4 €.

10 Galería de las Colecciones Reales ★★ [A4]

Neben dem Königspalast ist im Sommer 2023 das **Museum der Königlichen Sammlungen** eröffnet worden. Das preisgekrönte architektonische Meisterwerk vom Reißbrett von Emilio Tuñón (geb. 1959) ist wie der Königspalast selbst mit Granit aus der Extremadura eingekleidet. Auf 40.000 m² werden royale Schätze wie Goya-Gemälde, kitschige Kutschen und die Kommode des Geheimzimmers von König Carlos III (1716–1788) gezeigt. Die Trophäen der Nashornjagd von Juan Carlos, dem skandalumwitterten Vater von König Felipe, sind dagegen nicht zu sehen.

› Calle Bailén 7, Metro Ópera, www.galeriadelascoleccionesreales.es, Mo.–Sa. 10–20, So. 10–19 Uhr, Eintritt: 14 €, erm. 7 €, Kombiticket mit Palacio Real 9 24 € (nur online)

11 Kathedrale Almudena ★ [A4]

Die Kathedrale erhebt sich im Süden der Plaza de Armería in unmittelbarer Nachbarschaft zum Königspalast. Das 73 m hohe Gotteshaus ist der Schutzheiligen der Stadt, Almudena, gewidmet. 1870 begann man den

Erbaut nach französischem Vorbild: der Königspalast

041md Abb.: tb

Sakralbau im neogotischen Stil, doch weil die Stadtoberen offenbar Wichtigeres zu tun hatten, konnte er **erst 1993 vollendet** werden.

Mit den zwei Türmen, die im Vergleich zum nahen Palast wie dürre Stäbchen in den Himmel stechen, steht die Kathedrale etwas verlassen und nachts von ein paar Scheinwerfern bestrahlt auf einem leeren Platz. 2004 stand sie aber kurzzeitig im Rampenlicht, als hier vor den Augen der ganzen Welt das Prinzenpaar Felipe und Letizia heiratete. Dabei waren Brautkleid und Frisur natürlich wesentlich aufregender als das **unterkühlte Innere** des Baus. Die Folge: Wer heute in der Almudena-Kathedrale heiraten will, muss sich sehr lange im Voraus anmelden, denn der Andrang ist enorm.

› Calle Bailén 10, Metro: Ópera oder La Latina, Juli, Aug. tgl. 10–21 Uhr, Sept.–Juni tgl. 10–20 Uhr, Eintritt frei, Spende von 1 € erbeten. Museum und Krypta Mo.–Sa. 10–14.30 Uhr, Eintritt: 7 €, erm. 5 €.

12 Plaza de Oriente mit Teatro Real (Oper) ★★ [B3]

Auf dem **Platz zwischen Schloss und Oper** ruhen sich Spaziergänger auf den Bänken aus oder bestellen sich eine Erfrischung in den angrenzenden Cafés. Auch zu später Stunde trifft man sich hier, um die von über tausend Scheinwerfern erleuchtete Kulisse des Palastes zu genießen. Zwischen Laubbäumen blicken westgotische und asturische Könige auf das Zentrum des Platzes, wo sich das **Reiterdenkmal Felipes IV.** – umsäumt von Grünflächen – aufbäumt. Entworfen hat es damals der berühmte Hofmaler **Velázquez.**

MEIN TIPP

Klassisches Café

Das **Café del Real** (s. S. 61) mit Spiegelgläsern und klassischen Kaffeehausstühlen ist die traditionellste Adresse an der Plaza de Oriente: sehr gediegen und vornehm wie die ganze Gegend hier.

Der Blick Felipes zu Pferde fällt auf die **Oper, auch „Teatro Real“** („Königliches Theater“) genannt. Hier münden Verdis „La Traviata“ oder auch russisches Ballett schon mal in tosendem Applaus. Der granitgraue, eckige Bau wirkt von außen wesentlich strenger als das plüschige Innerne, in dem allein der Hauptsaal bis zu 1700 Zuschauer fasst.

› **Teatro Real (Oper),** Plaza de Oriente, Metro: Ópera, Tel. 915160660 (Büro), 900244848 (Karten), www.teatroreal.es, Tickets: Mo.–Fr. 10–18.30 Uhr

Die Hauptfassade mit ihren fünf Torbögen im unteren Geschoss ist etwas schlichter als die Seite zur Plaza de Isabel II hin. Dort an der Hinterseite befindet sich das **Real Conservatorio de Música** (Königliches Konservatorium für Musik). Dies ist der Grund dafür, dass man in der Umgebung, besonders in den kleinen Gassen über die Calle de Vergara hinweg, zahlreiche **Musikläden** sieht. In den anliegenden Cafés verkehren Künstler und Intellektuelle, Tänzer und Musiker.

13 Real Monasterio de la Encarnación ★★ [B3]

Das **Augustinerinnenkloster** ist nicht ganz so elegant und erhaben wie das Monasterio de las Descalzas Reales 4, interessant ist es aber allemal. Getrennt von den Wohnbereichen der hier lebenden Nonnen, sind einige Räume des 1611 von Felipe III. und seiner Gemahlin gegründeten Monasterio **der Öffentlichkeit zugänglich.** Schon seit 1965 können die Besucher den Kreuzgang, die Kapelle und den Nonnenchor besichtigen. Ein Kuriosum ist der **Reliquiensaal,** in dem neben Knochen und Schädeln eine Ampulle mit dem Blut des Märtyrers San Pantaleón aufbewahrt ist. Auf wundersame Weise soll es sich zwischen dem 26. und 27. Juli jedes Jahr vorübergehend wieder verflüssigen.

› Plaza de la Encarnación 1, Metro: Ópera, Di.–Sa. 10–14, 16–18.30, So. 10–15 Uhr, Eintritt: 6 €, Mi., Do. ab 16 Uhr gratis, Führungen nur auf Spanisch

043md Abb.: tb

In der Kathedrale Almudena 11 heiratete König Felipe seine Letizia

Berühmte Figuren: Don Quijote und Sancho Panza auf der Plaza de España 14

⑭ Plaza de España ★ [B2]

Der Platz scheint kleiner, als er tatsächlich ist: Immerhin hat er die dreifache Größe der Plaza Mayor ⑤ und war bis zum Bau der Plaza de Colón [G2] **lange Zeit größter Platz der Stadt.** Im Mittelpunkt steht das **berühmte Cervantes-Denkmal.** Als 1915 der Wettbewerb für ein Denkmal zu Ehren Cervantes' ausgeschrieben wurde, erwartete ganz Spanien gespannt das Urteil der Jury. Aus 53 Modellen sollte im Kristallpalast des Retiro-Parks ㉖ das beste gekürt werden. „Das Monument, das jetzt ausgewählt wird, wird das wichtigste nationale Denkmal sein", schrieb die Zeitschrift La Ilustración Española y Americana. Letztlich gewannen die Bildhauer Don Rafael Martínez Zapatero und Don Lorenzo Coullant Valera den Wettbewerb. Sie hätten sich wohl nicht träumen lassen, dass noch 13 Jahre bis zur Umsetzung des Projekts vergehen sollten und dass an der Statue der bronzene Sancho Panza im Bürgerkrieg die Fahne der Republik tragen sollte.

Architektonisches Highlight am Platz ist das **Edificio de España** an der Ostseite. Das arme Spanien der 1950er-Jahre, gegeißelt von der Autarkiepolitik Francos, bekam das damals höchste Gebäude Europas. Nach amerikanischem Vorbild barg der Koloss eine Art Kleinstadt: Einkaufsebenen, Hotels, Büros, Verwaltungsräume und Erholungszonen wurden von 32 Aufzügen und unzähligen Gängen miteinander verbunden. Der höchste Turm der breiten, glatten Fassade misst 107 m. Hier steht ein Hotel der Riu-Gruppe mit über 500 Zimmern und einer Rooftopbar (s. S. 71) mit gigantischem Ausblick.

Fast im gleichen Atemzug entstand 1954 an der Nordseite ein Hochhaus ähnlichen Kalibers: Das **Edificio Torre de Madrid** entstand mit seiner Stahlkonstruktion nach der zu seiner Zeit modernsten Bauweise. Es beherbergt viele Büroräume und die hier arbeitenden Angestellten laufen mit Vorliebe über die Plaza zum nächsten Pausencafé.

› Metro: Plaza de España

Gran Vía [B2–E3]

1917 begann der Kahlschlag. Eine Prachtstraße sollte durch die Innenstadt verlaufen, die engen Gassen ersetzen und die Calle de Alcalá mit der Plaza de España ⑭ verbinden. Schmucke Fassaden entstanden, auf den Dächern ziehen Pferde Gladiatorenwagen, doch die Konstruktionsweise der Gebäude an der Gran Vía war damals hochmodern, denn erstmals verwendete man Stahlgerüste. Die „Große Straße" beginnt am legendären Turm „Metropolis" und die folgenden Paläste an der Gran Vía sind nach Pariser Vorbild gebaut.

Ende der 1920er-Jahre begannen dann die Arbeiten am imposantesten Gebäude des gesamten Boulevards, der Telefónica. Für den Turm der Telefongesellschaft (Gran Vía Nr. 28) setzten die Arbeiter 680 Fenster ein, bauten 503 Türen und befestigten schließlich eine Uhr auf dem 82 m hohen Turm. Sie gibt den Rhythmus vor, während unten die Shops, Restaurants, Cafés und Kinos jede Menge zu tun haben.

Auch heute noch ist die Gran Vía gut zum Shoppen geeignet, vor allem, seit sie zumindest ein wenig verkehrsberuhigt wurde und sogar Radstreifen angelegt wurden.

La Latina – die unscheinbare Schöne

La Latina ist eine vor allem tagsüber ruhige Altstadtzone, in der die Bewohner in die Cebada-Markthalle gehen, kleine Lkws Gasflaschen anliefern und manche Gassen wie ausgestorben wirken. Mitte August wird es hier lebhaft: beim Stadtfest La Paloma und abends auch auf den Plätzen de la Paja und Las Vistillas.

Der Name des Stadtteils geht auf Doña Beatriz Galindo (1465–1534) zurück, eine Freundin der spanischen Königin Isabel la Católica (1451–1504), die schon als Kind Latein beherrschte und später die Kinder der Königin unterrichtete. Das Viertel liegt nicht weit vom Zentrum und zählt zu den **ältesten und ursprünglichsten Ecken Madrids.** Es ist z.T. noch von einer mittelalterlichen Struktur mit größeren Plätzen und schmalen, leicht gewundenen Straßen geprägt, denn hier befand sich die Urzelle der Millionenstadt, in jenen fernen Zeiten, als die Stadt noch arabisch geprägt war.

In La Latina findet man noch heute ganz **normales urbanes Leben,** und das nur wenige Schritte vom touristischen Madrid entfernt. Straßen, Häuser, Bars und Geschäfte sind hier zumeist etwas „angejahrt", denn die Gebäude stammen überwiegend aus dem 19.Jh. Da der Wohnraum lange Zeit recht günstig war und das Viertel für sein Nachtleben bekannt ist, findet sich ein **bunter Bevölkerungsmix,** aber vor allem kommen jeden Sonntag Tausende zum größten Flohmarkt der Stadt, dem Rastro (s.S.28).

15 Plaza de la Paja ★★ [B5]

Ein buntes Kachelschild zeigt, dass hier das Heu für die Pferde zum Markt gebracht und an die Postkutscher verkauft wurde. Der abschüssige Sandplatz zwischen hohen Palästen war **einst wichtigster Treffpunkt des maurischen Madrids,** worauf nur noch wenige architektonische Zeugnisse wie ein naher Ziegelturm hinweisen.

Heute ist die Plaza mit ihren umliegenden Gassen Cava Baja und der Costanilla de San Andrés und dem Platz Puerta de Moros zu einer klassischen **Anlaufstelle für gute Tapas, Wein und Freiluftterrassen** geworden.

Ein **sehr atmosphärischer Platz,** der anders als die Plaza Santa Ana 18 vor allem von den Madrilenen selbst aufgesucht wird.

› Metro: La Latina

16 Las Vistillas ★ [A5]

Die Parkanlage Las Vistillas bietet einen weiten Blick auf Madrids Vorstadt, den Fluss Manzanares und die Almudena-Kathedrale 11. Die Terrasse ist damit **einer der besten Aussichtspunkte** der Stadt. In den Gärten mit Rosensträuchern, Akazien und Eichen versammeln sich im Sommer und zum Fest des heiligen San Isidro im Mai die Madrilenen zu **Konzerten und Stadtfesten mit Tango, Pasodoble und Rock.** Wenn man zur richtigen Zeit in der Stadt ist, sollte man sich das nicht entgehen lassen – ein Programm gibt es im Tourismusamt an der Plaza Mayor (s.S.111).

Die nahe Brücke zum Königspalast ist mit großen Glasplatten gesichert. Das war nötig, so mancher fiel nämlich zuvor nicht ohne Absicht in den Abgrund.

› Metro: La Latina

Rastro-Flohmarkt

Aussteigen an der Metrostation „La Latina“. Die Stiegen hinauf durch den stickigen Metrogang, vorbei am Kiosk, der die dickleibigen Sonntagsausgaben der Tageszeitungen an die Frühaufsteher verkauft. Noch ist hier kaum Verkehr. Ein Stück weiter lädt eine junge Frau Eisenstangen für ihren Stand auf dem Flohmarkt auf die Schultern und geht die Calle de Maldonadas hinunter in Richtung Plaza de Cascorro [C5]. Noch einmal tief durchatmen, bevor es in den Gassen des Rastro so voll sein wird wie in einem Metrowaggon zu Stoßzeiten. Die Händler sind schon fast alle hier, haben die Waren ausgebreitet und feilschen mit den ersten Kunden.

Auf dem Rastro gibt es einfach alles: Fächer, Pferdegeschirr, Masken, Schallplatten, Keramik, Bomberjacken, Batterien, Duellpistolen, Weihwasserbecken ... Wer Ausgefallenes sucht oder billig einkaufen will, der geht auf den Rastro. Da schlängeln sich Dekorateure genauso durch die Menge wie Touristen oder Filmemacher auf der Suche nach Requisiten. Der Rastro ist **in vieler Hinsicht ungewöhnlich.** Das gilt schon für die Statue auf der Plaza de Cascarro. Wo sonst Heilige, Könige und Fürsten die Parks und Plätze Madrids zieren, blickt hier ein versteinerter Soldat und Held des verlorenen Kubakriegs von 1898, Eloy Gonzalo García, über den Platz. Hier und auf der **Ribera de Curtidores,** der einstigen Gerberstraße, ist der Rastro ein Ort, wo die Händler neben Kunsthandwerk viel Brandneues und Gewöhnliches relativ billig verkaufen. Urwüchsiges findet man auf dieser Hauptachse kaum mehr.

Der Rastro liegt wie ein Dreieck zwischen der Calle de Toledo [B5/6], der Ronda de Toledo [B/C6] und der Calle de Embajadores [C5/6]. Er ist uralt und in den Seitengassen der Ribera de Curtidores haben sich **alte Traditionen, Läden und Innenhöfe bis heute gehalten.** Auf der Hauptachse Curtidores handelten einst die Fleischer und Gerber. Von einem nahe gelegenen Schlachtplatz, erklärt ein Lexikon aus dem Jahre 1611 den Ursprung des Namens „Rastro“, zog man Hammel- und Ochsenleiber auf die breite Straße, um sie an Pfähle zu binden und zu schlachten. Die über das Pflaster geschleppten Tiere hinterließen eine blutige Spur – und die heißt auf Spanisch „rastro“. Einer eher humorvollen Version zufolge kommt der

151md Abb.: ©tella0303, stock.adobe.com

< *Auf dem Rastro wird allerlei Gebrauchtes angeboten*

044md Abb.: tb

Name von den Gerichtsvollziehern, die der Spur des Diebesguts nachgingen, das hier zu Geld gemacht werden sollte. Die Legende hat einen wahren Kern: Noch heute werden auf dem Markt der hunderttausend Artikel wohl auch gestohlene Gegenstände umgesetzt.

Farbenfroh geht es in der Calle San Cayetano zu. **„Gasse der Maler"** nennen sie die Anwohner, denn hier stehen Ölgemälde auf Farbkästen an die Wand gelehnt, Maler rufen Preise wie auf einer Versteigerung aus. Vor den Galerien reiht sich gerahmter Kitsch mit Strandmotiven, Heiligenfiguren und vollbusigen, halbnackten Frauen aneinander. Farbe kleckst auf den Boden, Pinsel und Rahmen stehen zum Verkauf. Überall stehen Leute an den Tresen bei einem Glas Cidre, dazu ein Stück Chorizo-Wurst, Schinken, Schafskäse oder eine Tapa aus Lachs und Oliven. Unter Glas schwimmen Schweinsohren in Öl, daneben Schnecken und kleine Krebse. Andere nippen draußen im Freien am trockenen Rioja. Wenn zwischen 14 und 15 Uhr die Stände und Läden schließen, ist das sonntägliche Happening auf dem Rastro noch lange nicht vorbei.

1 [C6] **Rastro-Flohmarkt,** Rastro-Viertel, Metro: La Latina, https://rastromadrid.com/, So., die meisten Stände öffnen zwischen 8 und 9 Uhr

Ein Spiegelbild der Gesellschaft: Auf dem Rastro sind vom Regisseur über den Schnäppchenjäger bis zum Taschendieb alle unterwegs

17 San Francisco el Grande ★★ [A5]

Die 42 m hohe Kuppel sieht man schon von Weitem. Seinen Ursprung hat das Gotteshaus im 12. Jahrhundert, als es noch eine kleine Kapelle war, in der sich Franz von Assisi mehrere Jahre aufhielt. Als Kirchenmuseum ist das Sakralgebäude heute ein Wahrzeichen Madrids.

Nachdem das alte Franziskanerkloster abgerissen worden war, entwarf Architekt Francisco de la Cabeza in Anlehnung an die römische Santa María de Campitelli den Grundriss für die Kirche, an dem schon Ventura Rodríguez und später der berühmte Francisco Sabatini wirkten. Das Werk der drei Architekten war 1785 fertiggestellt. Die **Kuppel** mit einem Durchmesser von 33 m hat offenbar auch den Bruder Napoleons, Joseph Bonaparte, fasziniert. Während seiner kurzen Regierungszeit hielt er hier Hof. 1837 erklärte man die Kirche zum Nationaldenkmal.

Im Innern führt ein Rundgang an überlebensgroßen Apostelfiguren und zahlreichen Gemälden vorbei. Die Kuppel malte Bayeu aus, in den Kapellen und den Räumen hinter dem Altar sind **Werke von Zurbarán, Velázquez, Maella und Rubens** zu sehen. Das Juwel der Kirche befindet sich in der ersten Kapelle links. Es ist **Goyas „Predigt des Heiligen Bernhard an Alfonso V.“**. Hiermit erlangte der Maler erstmals seinen verdienten Ruf in der Madrider Öffentlichkeit. Am rechten Rand ist ein Selbstbildnis des jungen Goya zu sehen.

› San Buenaventura 1, Metro: La Latina, Öffnungszeiten des Kirchenmuseums: Okt.–Juni Di.–Sa. 10.30–14.30, 16–18.30, Juli–Sept. Di.–Sa. 10.30–15.30 Uhr, Eintritt: 5 €

Huertas – das Viertel der Literaten

Das Stadtviertel Huertas wird oft auch als das Stadtviertel der Literaten („barrio de los literarios“) bezeichnet. Viele der kleinen, engen Sträßchen rund um die Plaza Santa Ana in Richtung Atocha und Plaza de las Cortes (Parlamentsplatz) sind nach den ehemals dort lebenden Schriftstellern benannt.

Der große Meister der spanischen Komödie, **Lope de Vega**, wohnte und starb in der Straße Cervantes 11. Wer Lust hat, vom Schlafzimmer des Literaten und Priesters aus einen Blick in die hauseigene Kapelle zu werfen, kann das Museum in Lopes ehemaligem Haus besuchen (siehe 19). Der Schriftsteller Quevedo, Vertreter der spanischen Literaturepoche des Barock im 17. Jahrhundert, wohnte im Eckhaus der Calle de Quevedo/Calle de Lope de Vega [E4]. Über der Jazzbar an der Plazuela de San Juan wiederum erinnert eine Gedenktafel an den Dramenautor Leandro Fernández de Moratín. Unweit der Schreibtische der Dichter wurden damals viele ihrer Dramen in den Madrider Innenhöfen inszeniert. Heute ist Huertas das **Stadtviertel mit dem quirligsten Nachtleben.**

18 Plaza Santa Ana ★★★ [D4]

Hier tobt das Nachtleben, hier gibt es die beste Auswahl an Bars und Tavernen.

Die Plaza Santa Ana ist **Dreh- und Angelpunkt des Madrider Nachtlebens.** Am Platz und in unmittelbarer Umgebung finden sich die meisten Tavernen, Kneipen und Musikbars in ganz Madrid. Gleichzeitig wird

der Platz eingerahmt vom **altehrwürdigen Teatro Español**, dessen Portal die Porträts berühmter Dichter schmücken, und gegenüber von dem weiß glänzenden Hotel Reina Victoria (s. S. 122), in dem gerne auch mal berühmte Hollywoodgrößen und Toreros absteigen. Vom Dach des Hotels hat man einen tollen Blick über den Platz, allerdings erst bei Nacht (Aufzug zur Radio ME Madrid Roof Top Bar, s. S. 71).

Der Platz ist geräumig, der Verkehr minimal und es gibt viele Terrassencafés, die es erlauben, die lebhafte Nightlife-Szenerie zu beobachten. Dass Madrid diese **wunderbare Freilichtbühne** überhaupt hat, verdankt sie dem Bruder von Napoleon. Joseph Bonaparte ließ während seiner kurzen Regentschaft reihenweise Klöster einreißen, um das urbane Gewirr zu entflechten, und so musste auch das Kloster der Heiligen Anna auf dem gleichnamigen Platz dran glauben.

Die Plaza Santa Ana ist gesäumt von Schatten spendenden Straßencafés

Heftig schimpften die Madrilenen damals über den unreligiösen, überheblichen und angeblich auch ziemlich oft alkoholisierten Franzosen, doch die heutigen Bewohner und Besucher freut die Weite des Platzes.

› Metro: Sol oder Antón Martín

19 Casa Lope de Vega ★ [E4]

In diesem Haus **lebte der Madrider Dichter Lope de Vega** im frühen 17. Jh. Das zweistöckige Haus ist typisch für die Bürgerhäuser des 16. und 17. Jahrhunderts und wurde 1935 glücklicherweise unter Denkmalschutz gestellt. In seinen Räumen erinnert das kleine Museum an die großen Zeiten des Spaniers und der kleine Garten ist ein wohltuend schattiger Platz an heißen Tagen. Führungen finden zumeist nur auf Spanisch statt, aber auch so kann man gut die Atmosphäre der damaligen Wohnkultur aufnehmen.

Lope de Vega selbst hat sich hier wohl nicht häufig ausruhen können, denn der Workaholic saß die meiste Zeit am Schreibtisch. Er verfass-

Literatenzoff im Dichterviertel

Dank eines der großen Zufälle der Geschichte lebten **vier der größten spanischen Dichter** zur gleichen Zeit in Madrid und sogar in unmittelbarer Nachbarschaft. Richtig grün waren sie sich untereinander aber nicht. **Miguel de Cervantes** (1547–1616) schuf den unvergleichlichen Roman um Don Quijote, den Ritter von der traurigen Gestalt. Ein wenig von einer traurigen Gestalt hatte der Schreiber wohl selbst an sich, denn in seinem Leben ging nicht alles glatt: Fünf Jahre war er in Algerien als Geisel in Piratenhand, bevor er freigekauft werden konnte, und den „Quijote" veröffentlichte er erst in seinen späten Lebensjahren, als er schon die 60 überschritten hatte. Cervantes lebte eine Zeit lang im Madrider Stadtteil Huertas in einem Haus in der calle Cervantes 2, wo er 1616 verstarb. **Lope de Vega** hatte ein eigenes Haus in der calle Cervantes 11 und war schon zu einem gewissen Wohlstand gekommen. Er nannte Cervantes einmal einen **„muerto de hambre"** (Hungerleider), was nicht ganz die feine englische Art war, aber wohl auch nicht völlig an der Realität vorbeizielte. Das war aber noch gar nichts gegen den **lebenslangen Hass**, der **Luis de Góngora** (1561–1627) und **Francisco de Quevedo** (1580–1645) verband. Die beiden fetzten sich sowohl öffentlich als auch in ihren Schriften und auch sonst benahmen sie sich nicht gerade fein. So kaufte Quevedo einmal das Haus, in dem Góngora lebte (calle Lope de Vega 17), aus dem einzigen Grund, den Dichterkollegen vor die Tür setzen zu können.

te an die 1500 Volksstücke, sogenannte *Comedias*, von denen etwa ein Drittel erhalten ist. Nicht nur seine Nachbarn waren vom Resultat seiner Dichtkunst begeistert, denn Lope de Vega verfasste Bühnenstücke, in denen es um Liebe, Laster und Ehre geht und vor allem auch um die Rechte des einfachen Mannes gegenüber dem dekadenten Adel. Das kam an.

› Cervantes 11, Metro: Antón Martín, Tel. 914299216, www.casamuseolopedevega.org, Di.-So. 10-18 Uhr, Eintritt frei, nur geführte Besuche (auch auf Englisch) nach Voranmeldung

20 Museo Nacional Centro de Arte Reina Sofía ★★★ [F6]

In diesem Museum hängt eines der bekanntesten Bilder der Welt: Pablo Picassos „Guernica". Und weil der Bau mit den gläsernen Aufzügen doch stark an das Pariser Centre Pompidou erinnert, nennen die Madrilenen es auch gerne „Sofidú".

Aushängeschild ist die **moderne spanische Malerei, darunter Picasso, Dalí, Gris, Tàpies und Miró.** 1000 Exponate, allein mehrere Dutzend von Picasso, gehören zum Fundus, aber auch viele Fotos. Und schließlich werden ab und zu Filme gezeigt, darunter „Ein andalusischer Hund", den Dalí Ende der 1920er-Jahre gemeinsam mit Regisseur Luis Buñuel drehte und der als Meisterwerk des surrealistischen Films gilt.

Das **ehemalige Madrider Krankenhaus** ist seit 1985 Sitz der Fundación Reina Sofía. An den historischen Bau schließen sich hochmoderne Anbauten an, wodurch das Reina Sofía inzwischen eine sagenhafte Gesamtfläche von fast 85.000 m² aufweist. Und die **extravaganten Glasaufzüge** an der Hauptfassade sorgen dafür,

140md Abb.: ©lenaivanova2311, stock.adobe.com

dass man schon von Weitem auf die „Königin Sofía“ aufmerksam wird.

Die **Dauerausstellung** im 2. und 4. Stock widmet sich vorwiegend der spanischen und internationalen Kunst des 20. Jh. Beachtlich sind neben der 8 m breiten und 3,5 m hohen **Guernica** in Saal 7 – und den zahlreichen Vorbereitungsskizzen dazu – „Der große Masturbator“ von Dalí, „Gitarre vor dem Meer“ von Juan Gris und „Frau in blau“ („Mujer en Azul“) von Pablo Picasso, aber auch Gemälde von Kandinsky, Magritte und Miró, von dem es auch einige Metallskulpturen gibt.

Der 3. Stock ist der Grafik und der Fotografie gewidmet. Auch die **Wanderausstellungen** des Reina Sofía haben einen guten Ruf. Neben der Tagespresse informiert auch die Website des Museums über aktuelle Ausstellungen, Veranstaltungen und Themenschwerpunkte.

Auf der Eingangsebene im 1. Stock gibt es einen schönen **Museumsshop**, der neben kleinen Designartikeln und witzigem Krimskrams auch Kunstkarten und Kunstdrucke verkauft. Interessant ist vor allem das umfangreiche Angebot an Büchern rund um Malerei, Architektur usw.

› Santa Isabel 52, Metro: Atocha, Tel. 914675062, www.museoreinasofia.es, Mo., Mi.–Sa. 10–21, So. 10–14.30 Uhr, Eintritt: 12 €, Tickets für zwei Tage 18 €, Mo., Mi.–Sa. 19–21, So. 12.30–14.30 Uhr freier Eintritt (dann sind allerdings nicht alle Teile der Ausstellung zugänglich)

KURZ & KNAPP

Guernica

Picasso erhielt 1936 von der spanischen Regierung den Auftrag, für die Pariser Weltausstellung 1937 ein Bild zu malen. Als aber deutsche Bomber der Legion Condor während des Spanischen Bürgerkriegs die baskische Stadt Guernica zerstörten, verwarf der damals 56-jährige seinen ursprünglichen Entwurf und entschloss sich zu einem zündenden Protestdenkmal. Vier Wochen lang entwarf er Skizzen für das Motiv, die heute im Saal vor dem des Hauptwerks zu sehen sind und den Werdegang des schwarz-weißgrauen Ölgemäldes veranschaulichen. Wegen des Konflikts zwischen Picasso und Diktator Franco hing das Bild viele Jahre im New Yorker Museum of Modern Art und kam erst 1981 nach Madrid, als Franco bereits sechs Jahre tot war.

⌃ *Der Museumsbau verbindet historische mit moderner Architektur*

149md Abb.: ©cainfantes, stock.adobe.com

Kunst und Botanik: Rund um den Paseo del Prado

An und nahe der begrünten Allee Paseo del Prado stehen – nur wenige Gehminuten voneinander entfernt – drei der wichtigsten Museen der Stadt. Bei derart viel Kunstbetrachtung ist es gut und praktisch, dass der schöne Retiro-Park zum Ausspannen ganz in der Nähe liegt.

21 Plaza de Cibeles ★ [F3]

Im Brunnen auf der Plaza de Cibeles am Paseo del Prado ziehen zwei kräftige Löwen den Wagen der griechischen Erdgöttin Kybele (span. Cibeles). Als der Spanier Francisco Gutiérrez die Marmorstatue und den Wagen im 18. Jh. konstruierte, wurde das Löwengefährt von Pferdekutschen der Madrider Noblesse umrundet. Hier fließt noch immer viel Verkehr, aber es ist durch die **innerstädtische Umweltzone** schon bedeutend ruhiger geworden, denn die Grenze beginnt genau neben der Plaza de Cibeles und dem Paseo del Prado. Kybele schaute noch Anfang des 20. Jh. in Richtung Prado, bis sie um 90 Grad mit Blick hin zur Puerta de Sol 1 gedreht wurde.

Auf dem Platz schneidet sich die Ost-West-Achse der Calle de Alcalá mit dem Paseo del Prado, der den Verkehr aus dem südlichen Atocha-Viertel kanalisiert, und dem Paseo de Recoletos. Am Platz hatte der mächtige Herzog von Alba einst den **Palacio Buenavista** gebaut, in dessen Gemäuern aus dem 17. Jh. heute Teile des Verteidigungsministeriums untergebracht sind. In den Gemächern wohnte die Herzogin von Alba, die Goya malte und offenbar auch liebte (s. S. 50). Die Gemälde der schönen Herzogin hängen wenige Schritte weiter im Prado 23.

Im Umkreis stehen wichtige Gebäude wie das der Banco de España, der

MEIN TIPP

CentroCentro – ein Highlight in Madrid

CentroCentro heißt das modernste **Kulturzentrum** der Stadt. Untergebracht ist es hinter der zuckergussartigen Barockfassade des Palacio an der Plaza de Cibeles 21. Die Besucher erleben wunderbar lichte Ausstellungsräume auf acht Etagen, finden viel Platz zum Entspannen in Räumen mit Sesseln und Tischen, eine Cafetería und bewundern die extravagante Glaskuppel.

CentroCentro ist die Arbeit eines Teams rund um den Architekten Franzisco Rodríguez Partearroyo.

- •**2** [F3] **CentroCentro,** Plaza de Cibeles 1, www.centrocentro.org, Aufzug zum Aussichtsturm: Di.-So. 10.30-14, 16-19.30 Uhr, Preis: 3 €, Ausstellung: Di.-So. 10-20 Uhr

Börsenpalast und das edle Ritz-Hotel. Doch der beeindruckendste Bau ist der **zuckergussartige, neobarocke Palacio de Cibeles** (ehemals Palacio de las Comunicaciones), in dem heute der Bürgermeister der Stadt residiert. Messingbeschlagene Drehtüren, Marmorfliesen, Türmchen, Ornamente, Götterfiguren ... Kein Wunder, dass Leo Trotzki darin eher ein Kirchenschiff sah und dem Palast und **heutigen Rathaus** den Spitznamen „Unsere Jungfrau des Fernmeldewesens“ gab.

Vom **Aussichtsturm** des Palacio de Cibeles aus bietet sich dem Besucher ein Blick auf die Plaza de Cibeles und weit in die Madrider Innenstadt hinein.

› Metro: Banco de España

◁ *Löwenbrunnen und Palacio an der Plaza de Cibeles*

22 Museo Thyssen-Bornemisza ★★★ [F4]

Wer während seines Madridaufenthalts nur ein Museum besuchen will und vor allem moderne Kunst bevorzugt, ist hier goldrichtig. Zudem wird man nicht wie im Prado vom Umfang der Kollektion erschlagen.

Im **lichtdurchfluteten, geräumig-schönen Villahermosa-Palast** ist seit 1992 das Museum Thyssen-Bornemisza untergebracht. Es beherbergt eine der weltweit bedeutendsten privaten Kunstsammlungen. 775 Werke aus sieben Jahrhunderten kaufte der spanische Staat dem **deutsch-ungarischen Magnaten Baron Thyssen-Bornemisza** ab, der zu dieser Zeit bereits mit der Ex-Miss-España Carmen Cervera verheiratet war. Die Summe von 225 Millionen Euro war nicht gerade ein Schnäppchen, aber gut investiert, denn seit den 1920er-Jahren hatten die steinreichen Barone zahlreiche Werke von Künstlern aus Europa und Amerika gesammelt, darunter **Originale von El Greco, Picasso und Dalí.**

Über mehrere Stockwerke chronologisch angeordnet, sorgfältig aufgehängt und gut erläutert, bietet die Sammlung einen **hervorragenden Überblick über die Geschichte der Malerei** vom 13. bis zum 20. Jahrhundert. Zu den ausgestellten Impressionisten zählen Renoir, Gauguin, Cézanne und Matisse, zu den Expressionisten Kandinsky, Dix, Nolde sowie Munch und zu den Vertretern der Moderne u.a. Klee, Max Ernst und Hopper. Eines der Highlights des Museums ist das surrealistische Bild „Traum, verursacht durch den Flug einer Biene um einen Granatapfel, eine Sekunde vor dem Auwachen“ von Dalí, bei dem über einem nackten Frauenkörper (Gala) Tiger und ein Fisch fliegen. Es stammt aus dem Jahr 1944.

Auch der **Museumsshop** überzeugt aufgrund seiner Auswahl an schönen Geschenkartikeln und Büchern und selbst die Aufpasser wirken entspannter als jene im Prado.

› Paseo del Prado 8, Metro: Banco de España, www.museothyssen.org, Mo. 12–16, Di.–So. 10–19 Uhr, Eintritt: 13 €, erm. (Rentner, Studenten) 9 €, Mo. freier Eintritt, Metro: Atocha

23 Museo del Prado ★★★ [F4]

Der Prado gehört unbestritten zu den wichtigsten Museen der Welt, seine Sammlung umfasst gut 7600 Gemälde aus der Zeit des 16. bis 19. Jahrhunderts sowie 3000 Grafiken, 6400 Zeichnungen und rund 1200 Skulpturen. Aufgrund der gigantischen Anhäufung an Kunst verwundert es nicht, dass nur ein Teil davon ausgestellt werden kann. So ist derzeit trotz umfangreicher Erweiterungen weniger als ein Drittel der Bilder permanent zu sehen.

Unter den Rundsäulen der Vorhalle zum Haupteingang stehen Touristen und planen Rundgänge durch die Gemäldesammlungen. Davor knipsen viele die **Statue von Diego de Velázquez**, der majestätisch mit Degen und Malzeug ausgestattet auf dem Stuhl eines Sockels sitzt. Seinen Platz vor dem Prado hat er verdient, schließlich gehört Velázquez mit Goya zu den größten Malern, die Spanien hervorgebracht hat.

Man kann den Prado (die „Wiese") auf mehrere Arten besuchen. Manche schauen dem Museumsführer interessiert in die Augen, während sie beim Rundgang die wichtigsten Vertreter der spanischen, französischen, italienischen oder flämischen Schule erklärt bekommen. Andere versuchen auf eigene Faust, das riesige Labyrinth irgendwie zu bewältigen. Das ist mutig, denn man läuft Gefahr, den Wald vor Bäumen nicht zu sehen. Der Prado zeigt mehrere Tausend Gemälde, aber man sollte sich davon nicht abschrecken lassen und von vornherein eine Epoche oder einen Maler aussuchen.

Der Prado, einst als naturwissenschaftliches Museum konzipiert, hatte lange Zeit **Platzprobleme,** ein Großteil der Kunstschätze blieb im Keller verstaut. Der Stararchitekt Rafael Moneo erweiterte die Ausstellungsfläche, indem er den **Kreuzgang der Jerónimos-Kirche** integrierte und damit die Gesamtfläche des Prado auf 58.000 m² erhöhte.

Der Prado ist im Schwerpunkt die **Sammlung der Habsburger- und Bourbonenkönige des 16., 17. und 18. Jh.** Aus vorangegangenen Jahrhunderten gibt es nur wenige Beispiele, moderne und zeitgenössische Malerei findet man im nahen Museo de Arte Reina Sofía 20 und im Palacio Villahermosa (Thyssen-Sammlung) 22. Nirgendwo sonst ist spanische Malerei so gut vertreten wie hier, aber auch andere europäische Künstler kommen zur Geltung. Dabei spiegelt die Kollektion der Monarchen politische Feindschaften genauso wider wie persönliche Vorliebe: Gemälde aus England und Holland findet man kaum, dafür umso mehr aus Flandern und Italien. Zudem ist die Sammlung bis heute keineswegs lückenlos, einen Leonardo da Vinci oder van Eyck findet man nicht.

Der Habsburger König Felipe II. (1528–1598), im Grunde ein eiskalter Pedant, brachte Ordnung in die Sammlung und kaufte einen **Hieronymus Bosch** nach dem anderen, dessen Spukwelt ihn genauso faszinier-

te wie Tizians mystisch-farbenreiche Sinneswelt. Felipe IV. (1605–1665) bereicherte die Sammlung in einer Zeit prekärer politischer Verhältnisse um Gemälde von Rubens, Zurbarán und Claude Lorrain, welche sein **Hofmaler Velázquez** unter die Obhut nahm. Aus England kaufte er Tizian, Tintoretto, Raffael und auch Dürers Selbstbildnis von 1498. (Im Museum findet man ihn unter dem Namen „Alberto Durero", Hieronymus Bosch heißt „Jerónimo del Bosco".)

Die Bourbonen standen hinter dem Sammeleifer der Habsburger nicht zurück und veranlassten Klöster und Kunstsammler zur mehr oder weniger freiwilligen Herausgabe ihrer Schätze. Carlos III. (1716–1788), sonst sicher der beste König des „französischen Jahrhunderts", hätte dem Prado beinahe Schlimmes angetan. Ganz im Zeichen seiner Zeit fand der prüde Herrscher Aktbilder wie die von Tizian und Rubens, Bosch („Garten der Lüste") und Dürer („Adam und Eva") so verwerflich, dass er kurz vor seinem Tod beschloss, diese Meisterwerke verbrennen zu lassen. Carlos starb, sein Hofmaler rettete jedoch die Werke, denn der böhmisch-deutsche **Anton Raphael Mengs** konnte den gutmütig-plumpen Nachfolger Carlos IV. (1748–1819) von dem Vorhaben abbringen.

Goya wiederum porträtierte Carlos IV. unverhüllt und realistisch. Von Goya finden sich heute über 150 Werke seines vielfältigen Schaffens in der Sammlung des Prado. Manche seiner Bilder gingen im Spanischen Bürgerkrieg (1936–1939) sogar auf Reisen. Die Republikaner luden unter anderem das Meisterwerk „Die Erschießungen der Aufständischen" auf schlecht gesicherte Lkws, um es vor den Nationalisten zu schützen: Erst ging es nach Valencia, dann nach Katalonien, schließlich sogar bis nach Genf. Tatsächlich wurde der Prado während der Kampfhandlungen beschädigt, doch ausgerechnet dieses

⌃ *Ein genialer Maler: Diego de Velázquez vor dem Prado-Museum*

Bild vom Krieg blieb aufgrund der waghalsigen Reise unversehrt.

Wie geht man das gewaltige Museum an? Die **Liste sehenswerter Maler ist endlos.** Neben den oben erwähnten gibt es aus der spanischen Schule u.a. El Greco, Coello, Herrera, Ribalta, Murillo und Ribera, aus flämischer Schule neben Bosch u.a. Breughel d.Ä. und van Dyck, aus der französischen Poussin und Vouet.

Wer sich viel Zeit für die Pinakothek nehmen kann, sollte im Museumsshop des Prado einen **Museumsführer** kaufen, die es in vielen Sprachen gibt. Zwei Maler verdienen aber auf alle Fälle Beachtung, auch wenn man nur eine Stunde Zeit hat: Velázquez und Goya. Nirgendwo sonst sind die beiden spanischen Meister so hochwertig und zahlreich vertreten wie hier – ihre Werke sind die unbestrittenen Glanzlichter der Pinakothek.

› Paseo del Prado s/n, Metro: Atocha, www.museodelprado.es, Mo.–Sa. 10–20, So. 10–19 Uhr, Neujahr, 1. Mai und 25. Dez. geschlossen, Eintritt: 15 €, ab 65 Jahren 7,50 €, unter 18 und für Studenten gratis, kostenlos auch Mo.–Sa. ab 18, So. ab 17 Uhr (lange Warteschlangen). Am Eingang bekommt man einen Übersichtsplan, hier kann man sich einen Kopfhörer-Audioguide in deutscher Sprache ausleihen.

24 Caixa Forum ★★★ [F5]

Das Kulturzentrum der Stadt glänzt mit moderner Architektur und gutem Programm.

Das zwischen dem Atocha-Bahnhof 27 und dem Museo Thyssen-Bornemisza 22 liegende Caixa Forum ist ein **architektonisches Highlight** der Stadt. Konzipiert hat es das Schweizer Büro Herzog & de Meuron (sie entwarfen u.a. die Allianz Arena in München und das Nationalstadion in Peking) im Auftrag der katalanischen Sparkasse, der größten und reichsten des Landes.

Auf mehreren Stockwerken befinden sich auf dem Areal eines früheren Elektrizitätswerks Ausstellungsräume mit alter und moderner Kunst und ein ausgezeichnetes Café. Häufige Konzerte und Lesungen und vor allem das **legere, lichte Ambiente,** das sich von den gewichtigen Museen der Umgebung deutlich abhebt, überzeugen. Besonders beachtlich aber ist der **vertikale Garten** des französischen Botanikspezialisten Patrick Blanc: eine überdimensionale Grünfläche an einer Hauswand mit rund 15.000 Pflanzen! Der Eintritt ist frei, die Veranstaltungen günstig.

› Paseo del Prado 36, Metro: Atocha, https://caixaforum.org/es/madrid, tgl. 10–20 Uhr, Eintritt: 6 €

25 Botanischer Garten (Jardín Botánico) ★ [F5]

Der mit acht Hektar recht überschaubare Jardín Botánico liegt gleich gegenüber der Südseite des Prado-Museums 23. Was sich hinter den Eisengittern des Gartens befindet, lockt neben Besuchern auch Forscher, die hier die getrocknete Flora Lateinamerikas studieren. Zum Fundus gehören außerdem 6000 gezeichnete Pflanzen eines Wissenschaftlers aus Neu-Granada (Kolumbien).

Als die Anlage 1781 durch Carlos III. eröffnet wurde, befanden sich hier lediglich 650 Pflanzen und Bäume, die man aus dem alten Botanischen Garten im Westen der Stadt überführt hatte. Gleichzeitig beauftragte der König Vertreter in den Kolonien mit der **Zusendung von Pflanzen und Samen** und schickte Zoologen und Botaniker auf Handelsschiffen der spanischen Flotte nach Übersee. So reicherte man den Garten allmählich mit exotischer Flora an, die angehende Botaniker in der angegliederten Schule unter die Lupe nahmen. Seitdem wächst alles unter wissenschaftlicher Aufsicht, ob australischer Eukalyptus, pyrenäische Steineiche oder tropischer Wollbaum.

Seit Ende des 19. Jh. wird auch der Öffentlichkeit Zutritt gewährt. Hinter den Gartengittern riechen Besucher an einer der **30.000 verschiedenen Arten**, legen sich auf eine der schattigen Bänke oder stöbern in einem Schmöker, den sie gerade zum Spottpreis in der Buchstraße Claudio Moyano südlich des Gartens vom fliegenden Händler erstanden haben.

Übrigens ordnete der König bei der Eröffnung des Botanischen Gartens an, dass die hier gesammelten Heilkräuter jeden Morgen Kranken umsonst verabreicht werden sollten. Der Brauch hielt sich bis in die 1960er-Jahre. Formal ist die Anordnung aber nie widerrufen worden und wer heute hartnäckig auf sein Recht pocht, heißt es, hat gute Chancen, noch immer von der sozialen Geste des „besten Bürgermeisters" zu profitieren.

› Plaza de Murillo 2, Metro: Atocha, www.rjb.csic.es, ab 10 Uhr, schließt je nach Jahreszeit zwischen 18 und 21 Uhr, Eintritt: 4 €, Di. 10–13 Uhr gratis

26 Retiro-Park (Parque de Retiro) ★★★ [H3]

Für viele Madrider ist der Retiro Treffpunkt, Sportplatz und Erholungsort in einem. Auch die Besucher lieben ihn als die schönste und erholsamste Grünfläche der Innenstadt.

Die Tradition des Parks geht bis auf die katholischen Könige zurück. Das von ihnen gegründete Kloster San Jerónimo mit seinen Gartenanlagen am östlichen Stadtrand wurde für alle folgenden Könige **beliebter Ort der Muße und des Rückzugs** *(retiro)* aus dem weltlichen Leben. Der lebenslustige Felipe IV. schließlich war es, der diese Anlagen zum „Real Sitio del Buen Retiro", zu einem königlichen Ort der Erholung, erklärte. Hier fanden die von ihm so geliebten Gesellschaften und Feierlichkeiten mit Stierkämpfen, Feuerwerk, Tanz und königlichem Theaterspiel statt. Während des Unabhängigkeitskrieges funktionierten die Franzosen das Erholungsgebiet kurzerhand zum Truppenübungsplatz um. Von dem Real Sitio blieben nur noch der Salón del Baile (heute Casón del Buen Retiro) und der Salón de los Reyes stehen. In der Ersten Republik schließlich erklärte man den Park zum Stadteigentum mit freiem Eintritt für alle Madrider.

Heute gehört der Retiro tatsächlich dem Volk. Die edlen Paare aus dem

054md Abb.: tb

Der Retiro-Park vereint Kunst und Natur

angrenzenden Stadtviertel Salamanca spazieren neben fahrradfahrenden Kindern und Bettlern. Jugendliche tummeln sich auf den Wiesen oder liefern sich mit den kleinen Booten auf dem See Wasserschlachten, Jogger drehen ihre Runden, die alten Herren treffen sich zu einer Partie Schach und sonntags findet hier oft ein Kinderprogramm statt.

Alfonso XII., der Urgroßvater des heutigen Königs, hat ein wachsames Auge auf den gesamten Park. Er sitzt hoch zu Ross, umgeben von einem **kitschigen, halbrunden Monument** mit 76 griechischen Säulen am Ufer des künstlich angelegten Sees **Estanque del Retiro** inmitten des Parks. Seinen exklusiven Platz verdankt er der Initiative der Königin María Cristina und dem Bildhauer José Grasas Riera. Zu seinen Füßen, am Sockel der Statue, ist von der königlichen Erlauchtheit nichts mehr zu spüren. Hier erhascht man die ersten Sonnenstrahlen im Frühling und räkelt sich zwischen den Säulen, bis man die ideale Ruhelage gefunden hat. Frisbeescheiben schwirren durch die Luft, zerkaute Sonnenblumenkerne werden auf die Sockelstufen gespuckt.

Am gegenüberliegenden Ufer, dem Paseo Salón del Estanque, sitzen vor allem am Wochenende die Tarot-Profis an ihren Klapptischen, um den Passanten ihr bevorstehendes Schicksal aus den Karten zu lesen. An den kleinen, über den ganzen Park verteilten Terrassenkiosken gönnen sich Eltern einen Aperitif – die Kinder werden währenddessen mit Marionettentheater oder einem Eis bei Laune gehalten.

Am Paseo de Venezuela liegt der **Velázquez-Palast** (Palacio de Velázquez) aus dem Jahr 1883, in dem heute Ausstellungsräume untergebracht sind. Nur wenige Meter davon entfernt befindet sich das Schmuckstück des Parks, der an einem kleinen Teich gelegene **Kristallpalast (Palacio de Cristal).** Diese transparente Glas-Eisen-Konstruktion mit dem schönen weißen Treppenaufgang wurde ursprünglich von Ricardo Velázquez 1887 für eine Blumenausstellung gebaut. Heute stellt man Kunst in dem einzigen Saal des Palästchens aus, das wegen seiner Form auch *bombonera* genannt wird, Bonbonschachtel.

Das romantische Ambiente rund um den kleinen Teich am Kristallpalast zieht die Interpreten klassischer Musik an. Ihre jazzenden Kollegen und die Reggae-Gruppen spielen lieber am großen See (s. l.). Die **Festivals, Veranstaltungen und Konzerte im Park** sind sehr beliebt und fester Bestandteil des kulturellen Lebens geworden. Auf dem Paseo Duque de Fernán Núñez findet im Mai die jährliche Büchermesse unter freiem Himmel statt. Neben den Neuheiten des Büchermarktes, unzähligen Enzyklopädien und den alten Klassikern gibt es Treffpunkte mit Autoren, Aktivitäten für Kinder und natürlich Stehbars.

Beim Sommerfestival (Veranos de la Villa) spielt das Stadtorchester am Abend auf dem bunt angestrahlten Monument Alfonsos XII. über den See hinweg klassische Musik. Ganz in der Nähe steht übrigens Madrids Teufel: Auf dem **Fuente del Angel Caído** („Brunnen des gefallenen Engels") hat man Luzifer ein Denkmal gesetzt. Manche glauben, Madrid sei die einzige Stadt der Welt, die eines ihrer Monumente dem Teufel widmet. Jedenfalls stammt die Plastik von dem Madrider Ricardo Bellver und wurde während der Jahresausstellung

049md Abb.: tb

Viel Grün im Bahnhof Atocha

1881 sogar mit dem ersten Preis ausgezeichnet.

› Metro: Retiro oder Atocha, April–Sept. 6–24, Okt.–März 6–22 Uhr

27 Bahnhof Atocha (Estación de Atocha) ★★ [G6]

Der **gusseiserne Jugendstilbahnhof** mit viel Glas und rötlichem Sandstein stammt aus dem späten 19. Jh. und liegt südlich des Botanischen Gartens. Er fungiert nicht nur als Anlaufstelle für die Bahn, sondern auch als **tropischer Palmengarten inklusive Cafés und Discos.** Auf kleinen Wegen spaziert man hier durch ein regelrechtes Gewächshaus. Stararchitekt Rafael Moneo, der auch für die Erweiterung des Prados verantwortlich war, sorgte 1993 für den überraschenden Umbau. Der tropische Palmengarten unter dem Bahnhofsgewölbe ist auch an kalten Wintertagen einen Besuch wert, denn hier herrschen konstant 24 °Celsius.

Im Zugangsbereich der Nahverkehrszüge ist eine **Gedenkstätte** für die Opfer eines verheerenden Anschlags islamistischer Terroristen zu sehen. Am 11. März 2004 töteten Sprengsätze in mehreren Madrider S-Bahnen im oder auf dem Weg zum Bahnhof insgesamt 191 Menschen.

› Metro: Atocha

Mein Tipp

Kleine Pause

Das **Terrassenrestaurant Mahoudrid** im Atocha-Bahnhof 27 ist ein guter Ort, um sich mit Blick auf die Palmen etwas zu stärken.

› **Mahoudrid Atocha Estación,** www.mahoudrid.com/barrios/atocha, tgl. 8–21.30 Uhr

Im Kiez: Malasaña und Chueca

Die Viertel Malasaña und Chueca sind Wohngegenden, die nur von wenigen Touristen besucht werden. Während Malasaña rund um die Plaza del Dos de Mayo eher noch das alte Madrid widerspiegelt, hat sich Chueca mit der Plaza Chueca sehr modernisiert und viele junge Designer angelockt. In Sachen Nachtleben sind beide Viertel äußerst beliebt.

28 Plaza del Dos de Mayo ★★ [C1]

Der Platz ist das Zentrum des Viertels Malasaña, das tagsüber ruhig und nachts wegen seiner Bars beliebt ist.

Am 2. Mai 1808 begann auf dieser Plaza – die in Gedenken an das historische Datum „Dos de Mayo" heißt – ein **Aufstand der Madrider Bevölkerung** gegen die französischen Truppen Napoleons. Von einer nahegelegenen Kaserne aus organisierten die militärischen Führer Daoiz und Velarde den verzweifelten Aufstand gegen die Besetzer, dessen Verlauf Goya in Zeichnungen und Bildern festgehalten hat (s. S. 50). Der **Ziegelsteinbogen**, der heute mitten auf dem Platz steht, ist das ehemalige Tor der Kaserne. Davor erheben Daoiz und Velarde als Statuen ihre inzwischen wieder reparierten Schwerter.

Viele Straßen um den Platz sind nach den gefallenen Helden des 2. Mai benannt, z. B. die Calle **Manuela Malasaña.** Als erst fünfzehnjährige Bewohnerin des Viertels half Manuela ihrem Vater, die Kaserne zu verteidigen, wurde von den anderen unbemerkt verwundet und kämpfte, bis sie schließlich verblutete. Nach ihr ist inzwischen nicht nur die Straße und das gemütliches Café Manuela (s. S. 61) in der Calle de San Vicente Ferrer benannt, sondern das ganze *Barrio* (Viertel). Heute steht Malasaña im Schatten berühmterer Viertel wie Huertas und Chueca, doch die Mieten sind relativ niedrig und so **leben hier viele Studenten.**

Sonntags findet ab und an die **Pinta Malasaña** im Viertel statt. Dabei bemalen Künstler die Haustüren und Schaufensterrollos mit bunter Street-Art (https://pintamalasana.com).

› Metro: Bilbao oder Tribunal

29 Museo de Historia ★ [D1]

Das Historische Museum zeigt Ausstellungsstücke und Fotos, die dem Besucher die **Stadtgeschichte** nahebringen sollen.

Am ehemaligen Hospiz ist eine Barockfassade des Architekten Ribera erhalten. Beachtlich ist **Goyas Gemälde „Allegorie des 2. Mai"**, das er 1809 im Auftrag von Joseph Bonaparte unter dem Titel „Allegorie" malte. Der Titel wurde später mit dem Zusatz „des 2. Mai" versehen und symbolisierte von da an den Widerstand gegen die französischen Truppen.

› Fuencarral 78, Metro: Tribunal, Di.–So. 10–20 Uhr, Eintritt frei

30 Plaza de Chueca ★★ [E2]

Die Plaza ist das Zentrum des derzeitigen In-Viertels gleichen Namens.

Wer mit der Metro an der Station ankommt, steigt die Treppen direkt zum **verkehrsberuhigten, charmanten Altstadtplatz** hinauf. Die Plaza Chueca ist Kern eines Stadtviertels, in dem in den letzten Jahren sehr **viele Designerläden und Bars** entstanden sind. Dabei hat das *barrio* einen Großteil seiner schönen, alten Baustruktur erhalten.

Rund um die Plaza Chueca finden Modefans so manchen innovativen Laden für Taschen, Schmuck und Kosmetika und Schuhe! Die Straße Figueroa besteht sogar gefühlt ausschließlich aus Schuhläden. Übrigens: Einen Namen hat sich Chueca auch noch in anderer Hinsicht gemacht. Es gilt landesweit als **LGBT-Hochburg** und im Viertel kursiert der Scherz, dass die Bewohner sehr tolerant sind – gegenüber Heterosexuellen. Auf der Plaza selbst ist es tagsüber relativ ruhig, dann kann man umgeben von alten Bürgerhäusern in aller Ruhe seinen Kaffee trinken. Nachts, vor allem am Wochenende, ist hier allerdings der Bär los.

› Metro: Chueca

31 Museo del Románticismo ★ [E1]

Im ehemaligen Palast des Marquéz de la Valle-Inclán ist das kleine Museum der Romantik eingerichtet, das dem Besucher einen Einblick in diese Epoche vermittelt. Ein Raum ist alleine dem **großen Vertreter der spanischen Romantik, Mariano José de Larra,** gewidmet. Zu sehen ist unter anderem die Duellpistole, mit der sich der Schriftsteller und Journalist aus Liebeskummer und politischer Verzweiflung erschoss.

Der Hausherr selbst war Schüler der Real Academia de Bellas Artes de San Fernando. Seine Leidenschaft galt vor allem den Romantikern des 19. Jahrhunderts, deren Werke heute in den ehemaligen Wohnräumen ausgestellt sind. In seinem Arbeitszimmer *(estudio)* befinden sich seine eigenen Versuche, Velázquez und El Greco zu kopieren. Interessant sind auch die alten **Stiche und Lithografien,** die einzelne Stadtgebiete Madrids aus der Zeit des 18. und 19. Jahrhunderts abbilden, nicht zu vergessen natürlich die Werke der großen spanischen Meister Goya („San Gregorio Magno im Gebetszimmer", „Oratorio") und Velázquez. Auch der Garten lohnt einen Besuch.

› Calle de San Mateo 13, Metro: Tribunal, https://museomadrid.com/museo-romantico, Mai–Okt. Di.–Sa. 9.30–20.30, So. 10–15, Nov.–April Di.–Sa. 9.30–18.30, So. 10–15 Uhr, Eintritt: 3 €, freier Eintritt Sa. ab 14 Uhr und So. ganztägig

Die Gleise der Geister

Die Madrider Metro hat eine **Geisterstation** namens Chamberí. Seit 1966 steht sie still, weil damals die Bahnsteige von 60 auf 90 Meter verlängert werden mussten, was in Chamberí zwischen den Stationen Iglesias und Bilbao (Linie 1) aber nicht ging. Nichts hat sich dort seither geändert, nicht einmal die Kachelwerbung für Glühbirnen. Der leicht schaurige Ort ist inzwischen bekannt als **Andén 0** („Bahnsteig Null") und beherbergt das Metro-Museum Estación de Chamberí, das auch alte Metromotoren zeigt.

3 [bi] **Estación Museo Chamberí,** Plaza Chamberí, https://museosmetromadrid.es/museos/estacion-de-chamberi, Fr. 16–20, Sa. 10–14, 16–20, So. 10–14 Uhr, Eintritt frei. Nur im Rahmen einer 30- bis 40-minütigen Führung zu besichtigen, die im Voraus gebucht werden muss.

Entdeckungen außerhalb des Stadtkerns

32 Salamanca ★ [ci]

Nach wie vor gilt das nördlich des Zentrums gelegene, schachbrettartig angelegte Bürgerviertel Salamanca als das **edelste Wohngebiet** der Stadt. Ob Adolfo Domínguez, Loewe, Alfredo Villalba oder Purificación García: Wer als Modedesigner etwas auf sich hält, hat eine Dependance an der Straße **Calle de Serrano** [G1/2]. Sie verläuft parallel zur Castellana und **lockt mit Mode, Einrichtungshäusern, Feinkostläden, eleganten Cafés und gehobenen Restaurants.** Neben teurer Markenkleidung und Accessoires findet man hier inzwischen durchaus auch eine Auswahl an Erschwinglichem, so auch in manchen der 80 Modeläden des **Einkaufszentrums ABC Serrano** (s. S. 79). Der kachelverzierte Ziegelsteinbau war einst der Sitz der Tageszeitung ABC und ist auch von der parallel verlaufenden Castellana zugänglich.

Der Bummel lässt sich auf die Straße Ortega y Gasset bis zur Plaza de Marqués de Salamanca ausdehnen oder mit einer kleinen Zeitreise durch das spanische Kunstschaffen verbinden. In der Calle Serrano 122 steht der großbürgerliche Palast und heutige **Museum des Publizisten und Kunstmäzens Lázaro Galdiano** (s. S. 49) mit einer eindrucksvollen privaten Kunstsammlung, die auch alte italienische und flämische Meister sowie Werke von Goya umfasst. Überquert man in dieser Höhe die Castellana, ist es nicht mehr weit zum **Museum des Impressionisten Joaquín Sorolla** (Museo Sorolla, s. S. 53) in dessen Villa am Paseo del General Martínez Campos, wo auch der schattige, andalusisch inspirierte Garten überzeugt.

› Metro: Serrano oder Ruben Darío

> MEIN TIPP
>
> **Shoppingpause**
>
> Die Terrasse mit Bar im 4. Stock des ABC Serrano Shopping Center (s. S. 79) bietet einen guten Blick auf die Hochhäuser der Umgebung (geöffnet 9–24 Uhr).

33 Santiago-Bernabéu-Stadion ★ [cg]

Schon 1923 hatte **Real Madrid**, der erste Fußballclub der Stadt, hier sein Fußballstadion. Von den rund 22.500 Plätzen feuerten die Fans ihre Mannschaft an, den prominentesten unter ihnen war sogar eine überdachte Tribüne vorbehalten. Seit das alte Stadion 1944–1946 umgebaut und erweitert wurde, gehörte es zu den **größten Fußballarenen der Welt.** Derzeit wird es wieder in großem Stil umgebaut. Der Umbau sollte im Frühjahr 2024 vollendet sein, zieht sich aber vorerst hin. Der Spielbetrieb wird während des Umbaus aufrechterhalten.

Das Real-Stadion bietet über **80.000 Zuschauern** Platz und ist **von gegnerischen Mannschaften gefürchtet.** Die Fans sitzen ungewöhnlich nahe am Spielfeld. Hier ein Spiel von Real Madrid zu sehen, ist nicht nur für eingefleischte Fußballfans ein Erlebnis. An ein Ticket zu gelangen, ist allerdings schwer, erst recht beim Klassiker gegen den FC Barcelona.

Als Alternative bietet sich eine **Tour durchs Fußballstadion** an, die – außer an Spieltagen – täglich stattfindet. Es geht per Lift auf die Ränge, nach unten durch die Kabinen der Stars sowie zum Museum mit Trophäen, Bildern

051md Abb.: tb

KURZ & KNAPP

Santiago Bernabéu

Der Mann widmete sein Leben Real Madrid wie vor und nach ihm kein anderer. Von 1943 bis 1978 war er Clubpräsident, zuvor spielte er sagenhafte 17 Jahre im Mittelfeld für den Verein. Kein Wunder also, dass das Stadion seinen Namen trägt.

und Fanartikeln. Man kann am Fußballfeld Platz nehmen, wo schon Zinédine Zidane saß, die Schuhe von Raúl bewundern und sehen, wie unhandlich manche Pokale sind. Eine Stunde Zeit sollte man sich für die Tour nehmen.

› Paseo de la Castellana, Metro: Santiago Bernabéu, www.realmadrid.com
› **Ticketschalter:** Taquilla 10 neben Puerta 7 (Tor 7) am Paseo de Castellana
› **Stadiontour:** www.realmadrid.com/sites/tour-bernabeu, Kasse: Taquilla 10, an der Puerta 7 (Tor 7), tgl. 9.30–19 Uhr (außer an Spieltagen), Erwachsene ab 25 €, unter 14 Jahren ab 19 €, bis 4 Jahre gratis

Real-Fans auf den Rängen des Bernabéu-Stadions

34 Arena Las Ventas ★ [ci]

Die Stierkampfarena östlich des Zentrums fasst 23.000 Zuschauer, hat Legenden und einmal schon eine Torera erlebt, tödliche Ausgänge für Toreros und sehr viel Stierblut. Sie ist ein rotes Tuch für Tierschützer und das Spektakel wirkt reichlich archaisch. In anderen Regionen Spaniens, z. B. in Katalonien, wurde die Stierkampftradition bereits abgeschafft.

Den enthusiastischen *aficionados* dagegen gilt das **maurisch anmutende Ziegelsteinrund** aus dem Jahr 1931 als sakraler Ort. Wichtigste Zeit ist das Fest San Isidro im Mai (s. S. 87), wenn die Saison be-

MEIN TIPP

Faro de Moncloa

Eine tolle Aussicht auf das Zentrum von Madrid genießt man von dem 110 Meter hohen Aussichtsturm Faro de Moncloa westlich des Zentrums, die Plattform befindet sich in immerhin 92 Meter Höhe.

★4 [bh] **Faro de Moncloa,** Av. de los Reyes Católicos s/n, Metro Moncloa, Eintritt: 4 €, Di.–So. 9.30–20 Uhr

Büffeln in der Stierkampfschule

Schon Neunjährige besuchen die Stierkampfschule Escuela de Tauromaquia de Madrid José Cubero Yiyo neben der Stierkampfarena 34. Sie üben an behörnten Schubkarren und geben sich Kampfnamen berühmter Matadore wie „Joselito", „El Cordobés" oder „El Viti". Immer dann, wenn sie die Haupthalle betreten, sehen sie Vitis Spruch an der Mörtelwand: „Stierkämpfer zu werden ist fast ein Wunder. Aber wer es schafft, dem kann der Stier zwar das Leben nehmen, den Ruhm niemals."

Es sind vielfach Kinder armer Eltern, die nichts mehr ersehnen, als dass ihre Mini-Matadore eines Tages ganz groß rauskommen. Der Unterricht kostet wenig und die Schüler erhalten auch „normalen" Unterricht. Den Betreibern ist das wichtig, denn frühere Toreros waren oft Analphabeten und wurden an den Rand der Gesellschaft gedrängt, wenn sie in der Arena versagten.

Sportlehrer und ehemalige Matadore unterrichten die „muchachos". Vor der Tafel auf Holzbänken dozieren sie über die Anatomie des Stieres, auf Videoleinwand laufen die Schritte im professionellen Kampf und in einem kleinen Betonrund machen die Zöglinge erste Stechversuche an nervösen Jungstieren. Nur 24 Kämpfe werden im Jahr organisiert und nur eine kleine Gruppe Auserwählter darf die Probe bestehen. „Wir machen niemandem Illusionen", erklärt ein Lehrer, der selbst früher einmal in der Arena stand. „Von Hundert schaffen es einer oder zwei." Die Schüler lernen, über die Bande zu springen, nach vorn und hinten zu rennen, blitzartig zuzustechen, zu töten. Vom Ruhm ist die Rede, vom Rampenlicht und vom Geld. Der Weg nach oben ist allerdings unglaublich schwer. Selbst wenn sie die Stierkampfschule Madrids erfolgreich mit einem Diplom abschließen, müssen sie zuerst auf Dorffesten ihr Können beweisen, einen Sponsor finden und mit den Kindern der Großgrundbesitzer auf dem Land konkurrieren. Und die sind auch ohne eine solche Ausbildung oft schon wegen ihres ländlichen Umfelds deutlich besser.

Schaffen sie es dennoch, dürfen sie erst mit 18 Jahren in den großen Arenen brillieren. José Arroyo Delgado, sozusagen der Vorzeige-Streber der Escuela, fand aber einen Ausweg. Als „Joselito" ging er mit 16 Jahren nach Mexiko, holte sich dort jede Menge Trophäen in Form von Ohren und Schwänzen, kam dann zurück nach Madrid und wurde einer der namhaftesten Toreros der jüngeren Vergangenheit.

ginnt und ab Mitte Mai täglich Stierkämpfe stattfinden (sonst nur an Wochenenden).

Der Kampf und vor allem die Nachwuchstoreros finden viel Echo in den Medien. Modedesigner wie Armani haben schon Toreros eingekleidet und Filmemacher Hits gelandet, unter ihnen Pedro Almodóvar mit dem herrlichen Film „Matador".

› Plaza de Toros Monumental de las Ventas Alcalá s/n, Metro: Ventas, www.las-ventas.com, Besichtigung der Arena mit Museum inkl. Audioguide generell April–Okt. tgl. 10–19 Uhr, Nov.–März tgl. 10–18 Uhr, Eintritt: 16 €

› **Karten** gibt es an der Arena und an Schaltern in der Calle de la Victoria 9 [D4]. Günstiger als Schattenplätze *(sombra)* sind solche in der Sonne *(sol)*.

MADRID ERLEBEN

154md Abb.: sm

028md Abb.: tb

Madrid für Kunst- und Museumsfreunde

Madrid bietet eine beeindruckende Auswahl an Museen und Kunstzentren und damit man den Überblick nicht verliert, sind hier nur die besten und originellsten aufgeführt. Ein absolutes Muss ist das Gemälde „Guernica" (im Museum Reina Sofía) ebenso wie die Gemäldevielfalt der genialen einstigen Hofmaler Goya und Velázquez.

Museen

2 [D3] **Akademie der Schönen Künste (Real Academia de Bellas Artes).** Eine schöne, weil überschaubare Alternative zum Prado mit hochkarätigen Werken. In den Ateliers der Akademie entstanden auch die Radierungen „Los caprichos" von Goya. Seine im Goya-Saal ausgestellten Werke gehören zu den Hauptattraktionen des Museums. Neben den spanischen Meistern des 17. Jh., Ribera, Zurbarán, Murillo und Velázquez, hängen dort auch die berühmten Porträts von Anton Raphael Mengs sowie Werke von van Dyck und Rubens (s. S. 15).

6 [bh] **Amerika-Museum (Museo de América),** Avenida de los Reyes Católicos 6, Metro: Moncloa, www.mecd.gob.es/museodeamerica, Di., Mi., Fr., Sa. 9.30–15, Do. 9.30–19, So. 10–15 Uhr, Eintritt: 3 €, freier Eintritt So. und Do. ab 14 Uhr. Das Museo de América zeigt eine reiche Sammlung der spanischen Kolonialgeschichte von der Entdeckung Amerikas 1492 durch Kolumbus bis ins 19. Jh. Beeindruckend ist die Kunst der

*◁ Vorseite: Eines der Tore, die zur Plaza Mayor **5** führen*

*△ Das Museo Reina Sofía **20** ist schon von außen sehenswert*

alten Zivilisationen Kolumbiens, Mexikos und Perus, darunter der Goldschatz der ausgerotteten Quimbaya-Indios, den Kolumbien der spanischen Regierung im Jahr 1892 schenkte. Zu den größten Schätzen gehören auch die religiösen Kalenderfaltbücher für das 260-Tage-Jahr der Mayas.

M7 [G2] **Archäologisches Museum (Museo Arqueológico Nacional),** Serrano 13, Metro: Colón oder Serrano, www.man.es, Di.-Sa. 9.30-20, So. 9.30-15 Uhr, Eintritt: 3 €, Sa. ab 14 Uhr und sonntagvormittags Eintritt frei. Im Museo Arqueológico Nacional sind römische Mosaike, Elfenbeinkruzifixe, maurische Zierkunst, alte Münzen und martialische Waffen zu sehen. Für Fans der Steinzeit ist die Reproduktion der Altamira-Höhle im Museumsgarten interessant. Die über 15.000 Jahre alten Felsmalereien der Höhle nahe Santander (dargestellt sind Bisons, Hirschkühe, Wildschweine ...) sind detailgetreu nachgestellt.

M8 [bg] **Blindenmuseum (Museo Tiflológico),** La Coruña 18, Metro: Estrecho, https://museo.once.es, Di.-Fr. 10-15, 16-19, Sa. 10-14 Uhr, Eintritt frei. Das etwas vom Zentrum entfernte Museum zeigt eine Sammlung berühmter, ertastbarer Miniaturgebäude und anderer Gegenstände aus ganz Spanien. Hier können sich auch Sehende mit geschlossenen Augen führen lassen, um ihren Tastsinn zu prüfen, etwa an Modellen wie dem Aquädukt von Segovia, dem Escorial, der Frauenbüste Dama de Elche oder dem Madrider Stadttor Puerta de Alcalá. Gemälde blinder oder in der Sicht stark beeinträchtigter Künstler sind ebenfalls ausgestellt. Das Museum ist im Besitz der Blindenorganisation ONCE, deren Mitglieder überall in der Stadt die Lottoscheine der ONCE verkaufen und dabei laut rufen: *para hoy* („für heute").

M9 [G3] **Kunstgewerbemuseum (Museo de Artes Decorativas),** Montalbán 12,

MEIN TIPP

Die Top Five der in Madrid gezeigten Gemälde

Hier eine – zugegeben subjektive – Auswahl der fünf sehenswertesten Gemälde in Madrid:

- **Guernica** von Pablo Picasso, im Museo Reina Sofía 20, 2. Stock, Saal 7. Das Antikriegsbild ist Picassos berühmteste Arbeit.
- **Die Hofdamen** von Diego de Velázquez, im Prado 23, Saal 12. „Las Meninas" gilt als *das* Meisterwerk der spanischen Kunst.
- **Der Garten der Lüste** von Hieronymus Bosch, im Prado 23, Saal 9a. Boschs Triptychon ist bis ins Detail schaurig und sündhaft gut.
- **Die Erschießung der Aufständischen** von Francisco de Goya, im Prado 23, Saal 39. Eindringliche Darstellung der blutigen Niederschlagung eines Madrider Aufstands durch die französischen Besatzer im Jahr 1808.
- **Traum, verursacht durch den Flug einer Biene um einen Granatapfel ...** von Salvador Dalí, im Thyssen-Bornemisza 22, Saal 47. Surrealismus pur inklusive eines Fisches, der kurzerhand einen Tiger schluckt.

www.culturaydeporte.gob.es/mnartesdecorativas/portada.html, Di., Mi., Fr., Sa. 9.30-15, Do. 9.30-15, 17-20, So. 10-15 Uhr, Eintritt: 3 €, Do. 17-19, Sa. 14-15 und So. gratis. Das Museum zeigt Möbel, Keramik, Uhren und Wandteppiche sowie eine Sammlung arabischer Kunst und Dekorationsstücke aus verschiedenen spanischen Regionen.

M10 [ch] **Lazaro-Galdiano-Museum,** Serrano 122, Metro: Ruben Darío, www.flg.es, Di., Mi., Fr.-So. 9.30-15, Do. 9.30-15, 16.30-19.30 Uhr, Eintritt: 7 €, Do. 16.30-19.30, So. 14-15 Uhr gratis. Das Museum Lázaro Galdiano

Goya: Hof- und Horrorbilder

Seine Bilder reichen von verspielten Rokokoszenen über Porträts des Hochadels bis hin zu nackten Frauen, sabbernden Hexen, schießwütigen Soldaten und Jupiter, der seine Söhne frisst. Wer so vielfältig malt, kann in keiner monotonen Welt gelebt haben, und tatsächlich: Francisco de Goya (1746–1828) war **Zeuge einer der wechselhaftesten und dramatischsten Perioden spanischer Geschichte.** In seinen jungen Jahren prägte der rational denkende Carlos III. das Land. Als er im Alter von 40 Jahren Hofmaler wurde, waren unter Carlos IV. unruhige Zeiten angebrochen, die schließlich in Fremdbesetzung und Bürgerkrieg mündeten. Und als alter Mann litt er unter dem sturen, autoritären Fernando VII., was ihn ins Exil nach Frankreich trieb.

Der Sohn eines Vergolders nahm erste Malkurse in Zaragoza nahe seinem Geburtsort Fuendetodos. Im Alter von 17 Jahren kam er nach Madrid und bewarb sich bei der Akademie der Schönen Künste, wo er prompt durchfiel. Niemand ahnte, dass man den zukünftigen Direktor vor sich hatte. Goya reiste wütend und auf eigene Faust nach Italien.

Nach der Rückkehr bekam er erste größere Aufträge, heiratete Josefa Bayeu und ließ sich von seinem Schwager, dem Maler Francisco Bayeu, eine Anstellung in der Königlichen Teppichfabrik besorgen. Die Bilder aus dieser Zeit sind niedlich und verspielt, aber er konnte auch damals schon anders. So zeigt das Gemälde „Die Hochzeit" („La Boda") ein frisch vermähltes Paar: sie blutjung und hübsch, er alt, reich und ausgestattet mit dem Kopf eines Affen. Bald schon porträtierte er auch einflussreiche Männer, darunter den Staatsmann Jovellanos, den Bankier Cabarrús, den Richter Valdés und den Dramaturgen Moratín.

Goya wurde **Hofmaler.** Er fuhr inzwischen in einer vergoldeten Kutsche durch Madrid und verliebte sich in die **Herzogin von Alba,** die so viel aufregender war als seine treue, ernste Frau. Die Herzogin lag ihm beim Aktporträt „Die nackte Maja" („La Maja Desnuda") Modell. Aus Diskretion bekam ihr schöner Körper natürlich einen anderen Kopf, doch die **Inquisitionsrichter** interessierten sich ohnehin nur für den Bereich vom Hals an abwärts. Ein solches Bild zu malen war in dieser bigotten Zeit lebensgefährlich. Seine übermächtigen Freunde waren es schließlich, die Goya den Kopf aus der Schlinge zogen.

Als er seine Geliebte malte, quälte ihn bereits eine rätselhafte Krankheit, an der er nahezu ertaubte. Fünf seiner sechs Kinder waren inzwischen gestorben. Ein anderer, ein bissiger Goya trat in Erscheinung, der **Monster und Kupplerinnen** zeichnete und sie als **„Caprichos"** mit einem eigenen Radierungsverfahren unter die Leute brachte. Auch darauf wurde die Inquisition aufmerksam.

Goya **verehrte Rembrandt und Velázquez.** In seiner Hochphase entstand das 2,80 x 3,36 m große Kunstwerk „La Familia de Carlos IV". Darin erscheint Königin Luisa als herrschsüchtig und nicht wirklich vorteilhaft. Dem König ist die Dummheit unverhüllt ins Gesicht gemalt. Und der Infant Francisco zwischen dem Paar trägt deutlich die Züge Godoys, mit dem die Königin ein Verhältnis hatte. Der Hofmaler wurde wahrscheinlich nur deshalb nicht davongejagt, weil Luisa in Wirklichkeit noch viel

128md

hässlicher war und der König sich hervorragend getroffen fand.

Während des **Unabhängigkeitskriegs gegen die napoleonische Besetzung** trat Goya dann als Zeitzeuge auf. Seine Zeichnungen von den **Schrecken des Krieges** („Desastres de la Guerra“) entstanden aus nächster Nähe zu den Kampfplätzen. Den Mann, der so viel von den liberalen Ideen der Franzosen hielt, entsetzte die französische Invasion zutiefst. „Der 3. Mai 1808. Die Erschießung der Aufständischen“ zeigt eine anonyme Soldatenmasse, die auf den übergroßen, hell erleuchteten Körper eines Mannes zielt. Eine so schreiende Anklage gegen den Krieg ist auf diese Art und Weise wohl erst wieder Picasso mit „Guernica“ gelungen.

Goya war allein, seine Freunde tot. Er schloss sich in seine Finca am Manzanares ein und malte zwischen 1819 und 1823 **Visionen, Angst und Schrecken** auf den Putz der Innenwände. Er lebte mit ihnen, sie bedeuteten ihm viel. Ein Kunstliebhaber hat sie später auf Leinwand übertragen. Im Prado die Treppe des Südflügels hinunter hängen sie im Erdgeschoss als **„Schwarze Gemälde“** („Pinturas Negras“). Lebewesen fliegen auf einen Berg zu, während Soldaten auf sie zielen. Hexen tanzen um einen Geißbock in Mönchskutte. Und dann seine Haushälterin in Schwarz an seinem eigenen Totenbett.

Aber Goya, inzwischen 77, starb noch nicht. Er ging nach Bordeaux, wo er seine letzten Jahre verbrachte. Kurz vor seinem Tod verblüffte er seine Nachwelt noch einmal. Er malte „Das Milchmädchen von Bordeaux“, eine ausgeglichen wirkende, schöne Frau in leuchtend reinen Farben, ein klarer Vorläufer des Impressionismus – und wohl auch eine letzte Aussöhnung mit dem Leben.

Ausschnitt aus Goyas „Weinlese“ aus dem Jahr 1786

029md Abb.: tb

ist eine Privatsammlung des gleichnamigen Finanzmaklers. Dem spanischen Staat vererbte der Mann eine Sammlung von rund 9000 Gegenständen, darunter Waffen, Münzen, Möbel, Gobelins, Kristallschalen aus der Zeit der Antike bis zum 19. Jahrhundert. Unter der verwirrenden Vielfalt sind die Gemälde am interessantesten, obwohl einige Bilder angeblich falschen Namen zugeschrieben wurden. Spanier wie Velázquez, Zurbarán und Goyas Hexenszenen, gemalt zwischen 1797 und 1798, hängen in den Sälen 23 und 24. Neben Niederländern (Bosch, van Dyck u. a.) hat der Finanzmakler für spanische Verhältnisse erstaunlich viele Engländer zusammengetragen, darunter Gainsborough, Reynolds, Hoppner und Constable.

11 [B1] **Museo ABC,** Amaniel 29, Metro: San Bernardo, https://museo.abc.es, Mo.-Sa. 10-21 Uhr, Eintritt frei. Wo einst Bier der Marke Mahou gebraut wurde, steht heute ein Kunstmuseum für historische und aktuelle Zeichnungen (mit schönem Café!). Der hochmoderne Bau der Zeitung ABC entstand auf dem Reißbrett der Architekten Aranguren & Gallegos.

12 [A2] **Museo Cerralbo,** Ventura Rodríguez 17, Metro: Ventura Rodríguez oder Plaza España, www.mecd.gob.es/mcerralbo, Di., Mi., Fr., Sa. 9.30-15, Do. 9.30-15, 17-20, So. 10-15 Uhr, Eintritt: 3 €, freier Eintritt Do. 17-20 Uhr und So. In dem vollständig erhaltenen Palast des Marquéz Cerralbo ist seit 1924 das Museo Cerralbo eingerichtet. Es vermittelt einen Eindruck davon, wie Adelsfamilien um 1900 lebten. Die Ausstellungsstücke reichen von archäologischen Funden aus der Phönizierzeit bis zu Geschirr aus der königlichen Porzellanfabrik.

29 [D1] **Museo de Historia.** Modernes Museum zur Geschichte der Stadt mit vielen detaillierten Karten und Ausstellungsstücken (s. S. 42).

Rückansicht des weltberühmten Museo del Prado **23**

23 [F4] **Museo del Prado.** Das Prado-Musuem gehört zu den wichtigsten Gemäldesammlungen der Welt und bietet dem Betrachter Tausende Gemälde aus dem europäischen Mittelalter bis etwa 1850. Hier hängen Highlights wie der „Garten der Lüste“ von Bosch und die „Hofdamen“ von Velázquez (s. S. 36).

20 [F6] **Museo Nacional Centro de Arte Reina Sofía.** Das Reina Sofía zeigt zeitgenössische Malerei und Kunst des 20. Jahrhunderts. Auch das bekannte Bild „Guernica“ von Picasso ist hier ausgestellt (s. S. 32).

13 [F3] **Museo Naval,** Paseo del Prado 3, https://armada.defensa.gob.es, Sept.-Juli Di.-So. 10-19, Aug. Di.-So. 10-15 Uhr, Eintritt frei. Schiffsmodelle, Degen, insgesamt 10.500 Einzelstücke zur Seefahrt. Das Schifffahrtsmuseum hat kaum Besucher, ist aber schon allein wegen der historischen Landkarten ein echtes Erlebnis. Da es vom Verteidigungsministerium betrieben wird und sich praktisch auf militärischem Gelände befindet, werden beim Einlass die Personalien kontrolliert.

14 [bi] **Museo Sorolla,** Paseo del General Martínez Campos 37, www.culturaydeporte.gob.es/msorolla/inicio.html, Di.-Sa. 10-20, So. 10-15 Uhr, Eintritt: 3 €, Sa. 14-20 Uhr und So. gratis. Das Museum ist in einem Wohnhaus mit ruhigen Gärten untergebracht, in dem der valencianische Maler Sorolla bis zu seinem Tod 1923 lebte. Seine idyllischen, impressionistischen Bilder zeigen schöne Frauen, neugierige Wissenschaftler, blühende Landschaften, Meeresszenen und ihn selbst. In den Räumen sieht man auch alte Fotos und Kleidungsstücke, die der Maler während seiner vielen Reisen trug.

22 [F4] **Museo Thyssen-Bornemisza.** Das Thyssen-Bornemisza beherbergt die wichtigste private Kunstsammlung Madrids. Zu den 775 Werken gehören Originale von El Greco, Picasso und Dalí (s. S. 35).

15 [F2] **Wachsfigurenkabinett (Museo de Cera),** Paseo de Recoletos 41 (an der Plaza de Colón), im Gebäude Centro Colón. Metro: Colón, www.museocera

Meine Tipps

Panteón de Goya

Goya malte 1798 die Kuppel der Kapelle Ermita de San Antonio de la Florida aus, die wegen seiner Grabstätte hier auch „Panteón de Goya“ heißt. Die Bilder zeigen die Wunder des heiligen Antonius. Der soll einen Mann aus dem Grab auferstehen lassen haben, der fälschlicherweise wegen Mordes hingerichtet worden war. Spannend ist die Madrider Menschenmenge, die der Maler mit viel Realismus in die Szenerie einbaute. Übrigens: Goya wurde hier ohne Kopf bestattet, dieser ging beim Leichentransport von Bordeaux nach Madrid auf ungeklärte Weise verloren.

16 [bi] **Ermita de San Antonio de la Florida,** Glorieta de San Antonio de la Florida, Di.-Fr. 9.30-14, 15-19, Sa., So. 9.30-19 Uhr, Eintritt frei

Templo de Debod

Der kleine ägyptische Tempel aus dem 4. Jh. v. Chr. war ursprünglich am Nil zu Ehren des Gottes Ammon errichtet worden, heute steht er im Jardines de Ferraz am Paseo del Pintor Rosales. Ägypten schenkte ihn der Stadt, weil die Spanier unter anderem dabei geholfen hatten, den berühmten Felsentempel von Abu Simbel vor dem Hochwasser des Nasser-Sees zu retten. Hintergrund war der Bau des Assuan-Staudamms in den1960er-Jahren. 1968 wurde der südägyptische Tempel Stein für Stein abgebaut und in Madrid wieder aufgebaut.

★17 [A2] **Templo de Debod,** Di.-So. 10-20 Uhr, Eintritt frei

madrid.com, tgl. 11–19 Uhr, Eintritt: Erwachsene 19 €, bis 14 u. über 65 Jahre 14 €. Kaum ein Museum muss so häufig aktualisiert werden wie das Museo de Cera.

Kulturzentren

24 [F5] **Caixa Forum.** Das Kulturzentrum liegt zwischen den wichtigsten Museen der Stadt. Es erschlägt einen nicht mit Kunst, sieht gut aus und kostet nichts (s. S. 38).

•18 [B1] **Centro Cultural Conde Duque,** Conde Duque 9, www.condeduquemadrid.es, Di.–Fr. 10–14, 15–21, Sa. 10–14, 17.30–21, So. 10.30–14 Uhr, Eintritt meist frei. Vor 250 Jahren bot die Kaserne mit 20.000 m² viel Platz für Soldaten, heute gibt es hier stehen die aktuellen Termine. Das Centro Cultural ist auch ein gewaltiges Archiv: Hier fahnden die Madrilenen nach ihren Vorfahren und klicken sich durch digitalisierte alte Zeitungsausgaben.

137md Abb.: sm

3 [E3] **Círculo de Bellas Artes,** Alcalá 42, www.circulobellasartes.com, Tel. 913605400, Ausstellungen Di.–Sa. 11–14 und 17–21 Uhr, So. 11–14 Uhr, Cafeteria 9–1 Uhr, Fr. und Sa. bis 3 Uhr morgens. Der „Kreis der Schönen Künste" bietet (oft kostenlose) Kunst- und Fotoausstellungen, Workshops, Theater, Lesungen und ein besonders schönes Café im Erdgeschoss. Stadtbekannte Ereignisse des Círculo sind der Karnevals-Maskenball und die Lesungen aus dem „Don Quijote" zum Todestag von Cervantes am 23. April (s. S. 16).

M19 [D3] **Espacio Fundación Telefónica,** Fuencarral 3, https://espacio.fundaciontelefonica.com, Di.–Sa. 11–20, So. 11–16 Uhr, Eintritt frei. Im Hochhaus der Telefónica, Seiteneingang an der Straße Fuencarral. Telefonanlagen aus dem 19. Jh. und hochmoderne Kunst.

› **La Casa Encendida** (s. S. 74). Die Casa Encendida in einem alten Industriegebäude bietet häufig Livekonzerte großer Musiker aus Rock und Pop, kostenlose Fotoausstellungen, Kunst und Theater.

› **Matadero Madrid** (s. S. 74). Auf dem Gelände des fast 150.000 m² großen Schlachthofs im Süden des Zentrums befindet sich heute das größte Kulturzentrum der Stadt. Ob Theater, Tanz, Mode oder Fotoausstellungen, die meisten Events sind kostenlos.

M20 [cj] **Museo La Neomudéjar,** Antonio Nebrija s/n, in den Werkhallen des Bahnhofs Atocha, www.laneomudejar.com, Mi.–So. 12–15, 17–21 Uhr, Eintritt: 6 €. Kreativzentrum mit Ausstellungen zu Urban Art, Soundperformance und Videokunst. Zugang zur Terrasse gratis.

Die Architektur des Caixa Forums 24 sticht heraus

Madrid für Genießer

Essen und Trinken

Vielfalt der Gerichte

Madrid vereint die besten Speisen und Getränke aus allen Regionen des Landes. Auch die internationale Küche ist in Spaniens Hauptstadt gut vertreten.

Das **Essengehen hat lange Tradition** und wird sehr ernst genommen. Politische Entscheidungen fallen nicht selten bei Spanferkel mit Trüffeln. Schon unter Franco konspirierte man beim Abendessen gegen die Diktatur und ein Kenner der Stadt erzählte, die brutale Polizei habe manchmal respektvoll bis nach dem Dessert gewartet, um erst anschließend die Gesellschaft geschlossen abzuführen.

Vielfalt ist Trumpf. Galicische, baskische, katalanische, kanarische, asturische und andalusische Köche bieten die unterschiedlichsten Spezialitäten an, vom einfachen *menú del día* bis zur baskischen Edelküche.

In Madrid ist der *caldo gallego* beliebt, eine deftige Gemüsesuppe aus Galicien, genauso wie die baskische Fischspezialität Seehecht *(merluza a la vasca),* valencianische *Paella* oder im Sommer erfrischend-kalte andalusische Gazpacho-Suppe, zubereitet mit Essig, Gemüse und Brotkrumen. Wie überall in Spanien gibt es das Kartoffelomelett *tortilla* in allen Variationen, die, wie viele Mahlzeiten, mit sehr viel Öl zubereitet werden.

Obwohl Madrid 350 km von Valencia am Mittelmeer und 400 km vom atlantischen Santander entfernt ist, bestimmen doch **Fisch und Meeresfrüchte** eindeutig die Speisekarten. Spanien besitzt die mit Abstand größte Fischfangflotte der EU und Madrid ist kurioserweise der wichtigste „Seehafen“ des Landes. Fisch ist in der Hauptstadt überall preiswert, frisch und in hervorragender Qualität aus dem Meer sowie aus Zuchtanla-

☑ *Taverne in Lavapiés*

019md Abb.: tb

KURZ & KNAPP

menú del día

Das Mittagsmenü ab 14 Uhr gibt es in einfachen Restaurants schon für 12 bis 15 € und auch in teureren Restaurants meist für unter 25 €. Es besteht aus drei Gängen plus Getränk.

gen zu haben. Das Luxusrestaurant La Dorada (Calle de Orense 64) fliegt das Meeresgetier sogar mit einem eigenen Kleinjet ein. Ein Menü kostet dann auch über 80 €.

Wer in Madrid selber kochen kann, sollte sich in einem der vielen **Märkte** (s. S. 80) versorgen, was so vielfältig, frisch und billig bei uns einfach nicht zu haben ist.

Kastiliens Küche ist durch mehrere Spezialitäten berühmt. Köstlich ist der *besugo al horno,* im Backofen gegarte Meerbrasse mit Weißweinsoße. Wildbret aus den umliegenden Wäldern kommt täglich genauso nach Madrid wie frische Forellen aus hoch gelegenen Bergbächen bei Segovia, Soria und Burgos. Hervorragend sind die **Lammgerichte,** beispielsweise der Lammbraten *(cordero asado)* oder die auf offenem Feuer gegrillten Lammkoteletts *(chuletas de cordero).* Aus dem nördlichen Segovia stammen *cochinillos,* **Spanferkel,** die man in vielen Restaurants in den Schaufenstern sieht. Die erst wenige Wochen alten Ferkel werden ausgenommen und in der Mitte auseinander geschnitten. Man brät sie in tönernen Pfannen, in denen sie auch serviert werden.

Südlich der Hauptstadt, etwa in Toledo, versteht man sich auf die Zubereitung von Wachteln und Rebhühnern. Aus kastilischen Bergen kommen auch salamiartige, scharfe **Paprikawürste** *(chorizos)* und ausgezeichnete Schinken. Dabei ist der kastilische **Schinken** (besonders der *jamón serrano*) eher mild. In vielen Bars und Kneipen dekorieren Schinkenkeulen die Wände (s. S. 78). Der beste **Käse** der Region ist der würzige *queso manchego* aus Schaf- und Kuhmilch der Mancha.

Bekannt ist die kastilische Küche schließlich auch für ihre **deftigen Eintöpfe und Suppen** wie etwa die *sopa de ajo,* die aus Brotresten, Schweineschmalz und Knoblauch zubereitet wird. Die nahrhafte *sopa castellana* ist eine überbackene Knoblauch- und Gemüsesuppe, über die kurz vor dem Servieren ein rohes Ei geschlagen wird.

Und dann gibt es natürlich noch **typisch madrilenische Mahlzeiten.** Zitat aus einem alten Rezept: „Man nehme ein halbes Kilo Rindermaul, ein Kilo Innereien vom Rind und wasche sie. Vor dem Kochen reibe man sie dann kräftig mit Essig und Zitrone ein, so als ob man Wäsche waschen würde". Was sich so derb liest, sind Kutteln nach Madrider Art *(callos a la madrileña).* Man findet die *callos* in vielen Restaurants, für manche Madrider ein Leibgericht, doch andere finden den dampfenden Inhalt der Schüssel reichlich ungenießbar. Schmackhafter und empfehlenswerter ist der **cocido,** ein ebenfalls typisch madrilenischer Eintopf. Das einfache Gericht, das schon 1599 zum ersten Mal in einem Kochbuch auftauchte, besteht aus Kichererbsen, die mindestens zehn Stunden in Wasser aufquellen, bevor sie zusammen mit Rindfleisch, Knochen, Speck und Wurstresten vor sich hin köcheln. Gleichzeitig wird in einem zweiten Topf Weißkohl gegart. Der erste Gang des *cocido* ist eine Suppe aus Nudeln und der Brühe, in der die Kichererbsen und das Fleisch gekocht wurden. Als zweiten Teller bekommt man dann die Kichererbsen mit dem Kohl und als dritten das Rindfleisch serviert. Dazu gibt es Salat, Brot und einen Landwein oder einfach Leitungswasser. Von jeher ist es die Speise einfacher Leute und heute wird sie noch immer eher in den Arbeitersiedlungen wie Carabanchel oder Vallecas zubereitet. In letzter Zeit aber wird selbst der Wert von Nobelrestaurants am *cocido* gemessen, wo die Schickeria etwa im Lhardy (s. S. 67) über 30 € für das traditionelle Mahl hinblättert.

Dort wie auch in allen Madrider Restaurants darf auch der **Nachtisch** nicht fehlen. Die Palette reicht vom einfachen *flan* aus Eiern mit Karamell bis hin zu raffinierten Delikatessen wie Marzipan aus Toledo, kandiertem Eidotter *(yema)* aus Kastilien oder dem sehr süßen *turrón* aus Alicante, der aus Mandeln, Honig und Eiweiß besteht.

Getränke

Zum Essen wie an der Theke wird in Spanien vor allem Wein getrunken. Manche bestellen auch einfach ein Glas Leitungswasser („agua del grifo"), das man überall umsonst bekommt. Im Weinland Spanien wird Bier jedoch immer beliebter.

Das **Bier** *(cerveza)* wird als *caña* (kleines Glas vom Fass), in *botellines* oder *tercios* aus kleinen Flaschen getrunken. In den *cervecerías,* wie die **Bierkneipen** hier heißen, bekommt man häufig die spanischen Marken „Mahou" und „Aguilar". Daneben sind aber auch einige ausländische Biere vertreten. Zu den berühmtesten Kneipen gehört die Cervecería Alemana (s. S. 69), die trotz ihres Namens keineswegs eine deutsche „Hau-auf-den-Tisch-Bierstube" mit Stammtisch ist, sondern eine uralte spanische Taverne mit reichem Biersortiment.

Spanien ist ein **anerkanntes Weinland.** *Con pan y vino se anda el ca-*

MEIN TIPP

Nachschlagewerk zu spanischen Weinen

Der **Guía Peñín** des berühmten spanischen Weinkritikers José Peñín ist ein jährlich aktualisierter, ausführlicher Weinratgeber, der auch auf Deutsch erscheint. Ein Interview mit dem Herausgeber über seine Arbeit, das Besondere an Spaniens Weinen und seine Konkurrenten gibt es unter www.spanien-reisemagazin.de/essen-und-trinken-in-spanien/getraenke/wein-aus-spanien/interview-mit-jose-penin.html.

› Peñín, José: **Guía Peñín Spaniens Weinführer 2024**, Pi & Erre Ediciones, 2023

100md Abb.: ©ekaterina_belova, stock.adobe.com

› *Den „Carajillo", Kaffee mit Rum, haben Kubaner nach Madrid gebracht*

020md Abb.: tb

mino. – Brot und Wein gehören nach diesem alten Sprichwort zum Reiseproviant. Heute wachsen auf der Halbinsel wegen der starken Klima-, Boden- und Höhenunterschiede höchst unterschiedliche Weine: Vom Sherry *(jerez)* im südlichen Andalusien über den Apfelcidre *(sidra)* in Asturien bis zum champagnerähnlichen Schaumwein *cava* in Katalonien. Die Herkunftsbezeichnung ist ein Qualitätssiegel und Garantie für guten, ständig kontrollierten Wein. Die wichtigsten Weine mit dieser Bezeichnung stammen aus Kastilien *(Ribera de Duero)*, der Rioja *(Haro)*, Navarra *(Olite)* und Galicien *(Cambados)*.

Entlang des Duero in Kastilien-León wachsen die Trauben, aus denen Spaniens bester Rotwein gekeltert wird. Aus dieser Gegend **Ribera del Duero** kommt der Vega Sicilia, den viele für den spanischen Spitzenwein halten. Aus der Region Galicien wiederum stammt der leichte und süffige **Weißwein Ribeiro**, der in Madrids galicischen Restaurants aus flachen Porzellanschalen getrunken wird.

Wer kennt sie nicht, die riesigen schwarzen Stiere, die auch an den einsamsten Stellen des Landes für die bekannteste **Sherry-Marke** werben? Neben Osborne sind auch Sandeman und Tío Pepe bekannte Marken. In der berühmten, kleinen Sherry-Bar La Venencia (s. S. 69) im Stadtviertel Huertas trinkt man den sehr trockenen *fino*, der zu Vorspeisen aus Fisch- und Meeresfrüchten passt, den nicht ganz so trockenen *Amontillado*, der zu Fleisch, Schinken und Käse genippt wird, den süffigen *Oloroso* oder den süßen *Moscatel*. Als Aperitif trinken besonders die älteren Madrilenen Wermut vom Fass.

Schließlich ist hier wie überall die **Sangría** bekannt, die ursprünglich

Im Bereich des Hochprozentigen bevorzugen Madrilenen besonders Gin und Vermut (Wermut)

aus Valencia stammt. Das bowleartige Getränk aus Sekt, Limonade und Zitrusfrüchten ist in jeder Taverne Madrids zu haben und wird dort vor allem von Touristen bestellt.

Leitungswasser schmeckt etwas nach Chlor, das *Agua Mineral* im Supermarkt ist besser.

Kulinarischer Tagesablauf

Morgens

Der Tag beginnt für die Madrilenen mit einem **schnellen, spärlichen Frühstück.** Den reinen Espresso *(café solo),* Espresso mit heißer Milch *(café con leche)* oder Espresso mit einem Schuss Milch *(café cortado)* trinkt man entweder zu Hause, meistens aber an der Theke in einer Bar, Cafetería oder *Churrería.* Die von früh bis spät beliebten Bars an so ziemlich jeder Straßenecke haben immer eine lange Theke und gegebenenfalls ein paar Stühle in der Ecke.

Zum Frühstück gibt es **süße Teilchen** *(bollos)* und gebuttertes, auf der Herdplatte aufgebackenes **Toastbrot** *(tostadas)* mit Marmelade oder *churros.* Dieses in Öl **frittierte Spritzgebäck** wird in den *Churrerías* schon in den frühen Morgenstunden gebacken und schmeckt den Spätheimkehrern und Frühaufstehern am besten zu einer dickflüssigen Schokolade *(chocolate)* oder zu Milchcafé. Wer es weniger fett und süß mag, kann sich auch ein Croissant *a la plancha* bestellen, das aufgetoastet und mit Butter und Marmelade serviert wird. Wer allerdings Ausschau nach einem üppigen Frühstück mit Brötchen, Käse und Orangensaft oder gar Müsli hält, frühstückt besser im Hotel.

021md Abb.: tb

Manche Kellner der Taberna de Antonio Sánchez (s. S. 64) sind ehemalige Toreros

Wenn sich gegen zwölf der **erste Mittagshunger** meldet, ist Aperitifzeit. Zu einem Glas Sherry *(Jerez)* oder Martini werden **tapas** gegessen. Das sind kleine Snacks, die in den Bars und Restaurants direkt an der Theke hinter Glas liegen: frittierte Tintenfischringe *(calamares),* Champignons, eingelegte Muscheln oder Tortillastücke.

Wer sich das Mittagessen sparen will oder wem nach dem schmalen Frühstück der Magen knurrt, kann auch gleich eine große Portion der *tapa,* also eine *ración* bestellen. Auch

KURZ & KNAPP

Die Herkunft der Tapas

Der Name stammt aus Andalusien, wo man einst belegte Brotstückchen auf Sherry- und Weingläser legte (*tapear* = zudecken), um Fliegen abzuhalten. Daraus hat sich das reiche Angebot der Zwischendurch-Häppchen entwickelt.

MEIN TIPP

Kulinarische Altstadtgassen

Urige Tavernen reihen sich in der **Gasse Cava Baja** [B5] nahe der Metrostation La Latina aneinander. Südlich der Puerta del Sol **1** bieten die Restaurants in den **Gassen Alvarez Gato und Pasaje Matheu** Paella und Sangría und man sitzt im Sommer im Freien unterm Sonnendach. **Studenten und Künstler** bevorzugen die Tavernen rund um die Plaza del Dos de Mayo **28** in Malasaña, die Plaza de Chueca **30** und die Straße Argumosa [E6] in Lavapiés.

ein belegtes Baguette *(bocadillo)* macht für längere Zeit satt. Außer in den Bars bekommt man diese Zwischenmahlzeiten oft auch in den kleinen Restaurants, die im Vorraum zum Speisesaal *(comedor)* eine Theke haben.

Mittags

Verhältnismäßig spät wird dann erst so „richtig" zu Mittag gegessen. In den Restaurants serviert man die *comida* (Mittagessen) zwischen 13.30 und 16 Uhr. Für die **aufwendigste Mahlzeit des Tages** nimmt man sich viel Zeit, egal wo man isst.

In den günstigeren Restaurants in den Stadtvierteln Lavapíes, Chueca und Malasaña ist mittags die Hölle los. Die Ober *(camareros)* balancieren Teller zwischen den kleinen Tischen zu den Gästen, geben Bestellungen lauthals an die Küche weiter, dazu plärrt der Fernseher und Spielautomaten spielen ihre Erkennungsmelodie. Hier essen die Nachbarn und Angestellte, die in der Umgebung arbeiten.

Gepflegter geht es in den **Tavernen**, den *tascas* und *tabernas* zu. Besonders in den Stadtgebieten Huertas und rund um das Teatro Real **12** findet man diese schönen Weinlokale. Die offenen Weinregale hinter der Theke, bunte Wandkacheln, kleine Marmortische und rustikale Holzbänke machen den besonderen Reiz der Tavernen aus. Mittags und abends riecht es dort nach auf offenem Feuer gerösteten Spanferkeln, Forellen, Zwiebeln und Knoblauch. Nach dem Essen trinkt man noch einen Café oder einen Brandy.

Gastro- und Nightlife-Areale

Bläulich hervorgehobene Bereiche in den Karten kennzeichnen Gebiete mit einem dichten Angebot an Restaurants, Bars, Clubs, Discos etc.

Abends

Erst ab 21 Uhr öffnen die Tavernen und Restaurants wieder für das **Abendessen** *(cena)*. Es fällt zu Hause etwas weniger aufwendig aus als das Mittagessen, in den Restaurants dagegen kann man genauso ausgiebig tafeln.

Infos zum Essengehen

- Richtig essen geht man mittags ab 13.30 und abends nicht vor 21 Uhr.
- Selbst im Hochsommer achten die Spanier auf ein **gepflegtes Äußeres**, vor allem in besseren Restaurants.
- Da viele Familien **sonntags** zusammenkommen, sind zahlreiche Restaurants über Mittag rappelvoll und am Abend geschlossen.
- Ein **Trinkgeld** von 5 bis 10 % ist angemessen. Man lässt es auf dem kleinen Tellerchen liegen, mit dem zunächst die Rechnung und später das Wechselgeld gebracht wird.

- Mittagsmenüs sind immer günstiger als abends und à la carte.
- Wer sich an den **Tresen** setzt und Tapas aussucht, zahlt weniger als am Tisch oder erst recht auf der Terrasse.

Cafés

21 [D1] **Café Comercial,** Glorieta de Bilbao 7, direkt an der Metrostation Bilbao, Ausgang Manuela Malasaña, Tel. 910882525, www.cafecomercialmadrid.com, Mo.-Fr. 7.30-1, Sa. 9-2, So. 9-24 Uhr. Geräumiges, verspiegeltes Café mit Marmortischen, klassisch und immer belebt.

22 [B4] **Café del Nuncio,** Segovia 9, Tel. 912620739, tgl. ab 10 Uhr. Das Café mit moderner Einrichtung ist ein beliebter Treff, um von hier aus den nächtlichen Streifzug einzuleiten, und bietet eine schöne, geräumige Terrasse.

23 [B3] **Café del Real,** Plaza Isabel II, Tel. 915472124, tgl. 9-24 Uhr. Das kleine und gemütliche, vielfach von Musikern besuchte Café bietet Bistroküche, u. a. auch Pizza. Klassische Musik bis spät in die Nacht.

24 [F2] **Café-El Espejo,** Paseo de Recoletos 31, Tel. 691141726, www.elespejonouveau.com, Mo.-Mi. 10-1.30, Do.-Sa. 10-2 Uhr. Übergroße Wandspiegel, Kronleuchter, Marmortische und alte Kaffeehausstühle geben der Café-Bar im Vorderraum ein einzigartiges Ambiente. Im Hinterraum schließt sich ein teures Restaurant an, im Außenbereich gibt es einen Jugendstil-Pavillon.

25 [F2] **Café Gijón,** Paseo de Recoletos 21, https://cafegijon.com, tgl. 7-1 Uhr. Der Klassiker unter den alteingesessenen Cafés reicht bis ins 19. Jh. zurück. Das Stammcafé der Schriftsteller, Künstler und Politiker wird heute von einem bunt gemischten Publikum besucht. Die Innenräume haben sich seit den Anfängen kaum verändert.

26 [D1] **Café Manuela,** Vicente Ferrer 29, Tel. 915317037, Mo.-Do. 13-2, Fr., Sa. 13-3, So. 13-1 Uhr. Das Café im Kiez von Malasaña gehört zu den Klassikern vor Ort. Gemütliches Interieur und benannt nach der jungen Manuela Malasaña, die einst heroisch gegen die französischen Besatzer kämpfte (und starb).

27 [C1] **Café Ruiz,** Ruiz 11, Tel. 6277 55335, meist 15.30-2 Uhr. Ruhiges, kleines und stilvolles Café im Stadtviertel Malasaña, hier lesen manche den ganzen Sonntagnachmittag Gedichte. Und der selbstgebackene Kuchen ist auch nicht schlecht.

28 [B3] **Café Vergara,** Vergara 1, nahe Metrostation Ópera, Tel. 915591172, https://vergaracafe.com, tgl. 8-24 Uhr. Café con leche und heiße Schokolade locken hinter den holzvertäfelten Eingang. Eher betuchtes Publikum.

29 [C4] **La Mallorquina,** Mayor 2, Ecke Puerta del Sol, 9-21, Tel. 915211201, tgl. 8.30-21 Uhr. Die zentralste Konditorei Madrids hat im ersten Stock ein einfaches Café, wo man gut sitzen kann, mit etwas Glück am Fenster mit Sicht auf die Puerta del Sol oder die Calle Mayor. Hier gibt es leckeren *café con leche* (Milchkaffee) und auch Teilchen aus den Auslagen unten.

- **La Pecera del Círculo de Bellas Artes** (s. S. 16). Hier kann man in gediegenem Ambiente über Kultur sinnieren.

30 [D5] **Nuevo Café Barbieri,** Ave Maria 45, So.-Do. 11-24, Fr., Sa. 11-2 Uhr. In einem der schönsten und dabei sehr geräumigen Cafés nahe der Plaza de Lavapiés herrscht ein alternatives Ambiente. Hier ist tagsüber viel Ruhe angesagt, doch abends drehen die Jungs und Mädels hinter der Theke schon mal richtig die Anlage auf. Es wird auch Bistroküche mit Pizza, Crêpes und Pasta angeboten.

022md Abb.: tb

Empfehlenswerte Lokale

Tapas

31 [B5] **Almendro 13** €, calle del Almendro 13, Metro: La Latina, Tel. 913654252, Di.-Sa. 13.30-16, 19.30-23.30, So. 13.30-16.30 Uhr. Sehr beliebte Tapasbar mit kleinen Tischen, aber guten Tapas. Außerdem gibt es den bei vielen *madrileños* am Sonntagmittag immer noch beliebten *vermut* (Wermut). Größer als die Tapas sind die *raciones*, die schon fast einer ganzen Mahlzeit entsprechen, genau wie *almendritos* (Fantasiename, abgeleitet vom Namen des Lokals), das sind kleine *bocadillos*. Getränke bestellt man an einem Tresen, Speisen an einem anderen, es herrscht also immer ein wenig Durcheinander.

En Estado Puro – eine ausgezeichnete Tapasbar

32 [C3] **Casa Labra** €, Tetuán 12, Tel. 915310081, Di.-So. 11.30-15.30, 18.30-22.30 Uhr. Eine Gedenktafel an der Tür erklärt den Bekanntheitsgrad dieses Kneipen-Restaurants. 1879 wurde hier heimlich die Partido Socialista Español gegründet. Pablo Iglesias, einer der bedeutenden spanischen Sozialisten dieser Zeit, veranstaltete im Labra seine Diskussionsrunden. Zur Aperitifzeit drängen sich die Leute an der Bar.

33 [A5] **El Ventorrillo** €€, Bailén 14, Tel. 913663578, tgl. 12-24 Uhr. Ab April, wenn die Abende wärmer werden, ist die Terrasse des Bar-Restaurants ausgesprochen belebt. Bei einer Tapa genießt man die weite Aussicht

Restaurantkategorien

Preise für ein Hauptgericht:

€	bis 15 €
€€	15-30 €
€€€	ab 30 €

auf Madrids untergehende Sonne. Die Küche ist auf Fisch und Fleisch spezialisiert.

34 [F4] **En Estado Puro** €€, Plaza Cánovas del Castillo 4, Tel. 638663805, www.tapasenestadopuro.com, tgl. 12–24 Uhr. Die vielleicht beste Tapasbar der Stadt liegt am Paseo del Prado nahe dem Prado-Museum ㉓. Betreiber ist Starkoch Paco Roncero, der gelegentlich den spanischen König bekocht. Stylishes Restaurant mit Terrasse und Bar, die Tapas sind recht günstig (ab 5 €). Zur Wahl stehen traditionelle Speisen, die eigenwillig aufgepeppt sind, ob Miesmuscheln, Spargel, *flan* oder würzige Kartoffeln, immer frisch zubereitet von Alfonso Castellano und manchmal sogar vom Chef persönlich.

35 [D4] **La Casa del Abuelo** €, Victoria 12, Tel. 910000130, https://lacasadelabuelo.es, tgl. 12–23 Uhr. Das 1906 gegründete „Haus des Opas" könnte auch „Garnelen-Haus" heißen. Zum einfachen Weißwein gibt es Gambas in Knoblauch *(al ajillo)*, Gambas-Kroketten, Gambas gebraten sowie panierte Gambas Gabardinas. Ach ja, und gebratene Langostinos. Tolle Taverne.

36 [E4] **La Fábrica** €, Jesús 2, Tel. 913690671, tgl. 10–2 Uhr. Leckere Tapas im klimatisierten Hinterzimmer. Einige der Baguettescheiben mit Roquefort oder Lachs haben so kuriose Namen wie „Orgie", „Ehe" und „Scheidung" – kann man in dieser Reihenfolge essen.

37 [B5] **Lamiak** €€, Cava Baja 42, Tel. 913655212, tgl. 12.30–24 Uhr. Leckere baskische Tapas *(pintxos)*, guter Wein, junges Ambiente, hoher Geräuschpegel, mit Keller. Hier soll der spanische Liedermacher **Joaquín Sabina** (s. rechts) angeblich sein erstes Mini-Konzert gegeben haben.

38 [D4] **Las Bravas** €, Callejón de Álvarez Gato 3, Metro: Sol, Tel. 915228581, tgl. 12.30–16.30 und 19–24 Uhr. Auch die-

104md Abb.: ©Brad Pict, stock.adobe.com

Die Top 10 unter den Tapas

Madrilenen sitzen besonders gern am Tresen und wählen in ihren Lieblingstavernen ein paar Tapas aus. Hier eine Hitliste der zehn besonders gefragten:

- **anchoas** – Sardellen
- **albóndigas** – Fleischbällchen
- **chipirones** – kleine Tintenfische
- **chorizo en sidra** – Wurst in Cidre
- **croquetas** – Kroketten
- **gambas al ajillo** – Garnelen in Knoblauch
- **jamón serrano** – Serrano-Schinken
- **patatas bravas** – Kartoffeln mit scharfer Sauce
- **queso manchego** – Manchego-Käse
- **tortilla** – Kartoffelomelett

KURZ & KNAPP

Joaquín Sabina

Der 1949 geborene Liedermacher gehört zu den bekanntesten Stimmen Spaniens: rauchige Stimme, viele lyrische Texte über *muchachas* und Madrid (www.jsabina.com).

ses unscheinbare Lokal ist seit 1933 ein Klassiker in Madrids Nachtleben. Hier werden eigentlich recht einfache Tapas wie *patatas bravas* (frittierte Kartoffeln), *tortilla* oder *calamares a la plancha* (gerösteter Tintenfisch) angeboten, aber serviert mit einer ziemlich scharfen, roten Soße. Die ist wirklich einzigartig und die Macher haben sie sich sogar patentieren lassen! Vielleicht gerade auch deswegen ist der kleine Laden immer gerammelt voll.

39 [C5] **Taberna de Antonio Sánchez** €€, Mesón de Paredes 13, Tel. 915397826, www.tabernaantoniosanchez.com, in der Regel Di.–So. 13–24 Uhr (außer im August). Die Taverne ist wunderbar authentisch, der älteste Stierkopf an der Wand stammt aus dem Jahr 1903! Spezialitäten sind Rinderblutwurst und Stierschwänze. Wen letzteres abschreckt, dem werden jede Menge anderer Platten und Häppchen angeboten. Der Gründer war Torero, was man an den Bildern sieht.

40 [B5] **Taberna Salamanca** €€, Cava Baja 31, Tel. 634103430, tgl. 13–24 Uhr. Winzige, angesagte Taverne mit roter Fassade in einer der besten Restaurantgassen der Stadt. Gute Schinken und Kroketten, auch deshalb meist ziemlich gut besucht.

Kreativ und angesagt

41 [D4] **Ana la Santa** €€, Plaza de Santa Ana 14, Tel. 911450334, tgl. 7–24 Uhr. Leckere Tapas und leichte Gerichte auch zu Essenszeiten, wie sie Deutsche gewöhnt sind. In der Lobby des Hotels am Platz.

42 [E1] **Barrutia y el 9** €, Santa Teresa 9, So., Mo. 13–17, Di.–Sa. 13–17, 20.30–24 Uhr. Thunfisch mit Mandarinenöl, zartes Lammfleisch, Herzmuschelkroketten und dazu leichter Txacolí-Weißwein. Der Baske ist beliebt bei den Anwohnern.

43 [bi] **Casa Mingo** €, Paseo de la Florida 34, Tel. 915477918, tgl. 12–24 Uhr. Geräumige asturische Taverne nahe der Kapelle Pantheón de Goya, urig eingerichtet und auf zwei Dinge spezialisiert: Apfelwein und Huhn, das gibt es hier in rauen Mengen. Lohnt auch, wenn man in einer größeren Gruppe unterwegs ist.

44 [E4] **La Biotika** €€, Amor de Dios 3, Tel. 914290780, www.labiotika.es, Di.–Sa. 13–16.30, 20–23, So., Mo. 13–16.30 Uhr. Dieses kleine vegetarische Restaurant hat eine einfallsreiche, ständig wechselnde und nicht teure Tageskarte. Im daran angeschlossenen Naturkostladen bekommt man frisches Vollkornbrot und alle anderen typischen Vollwertprodukte.

45 [bi] **La Favorita** €€€, Covarrubias 25, Tel. 914483810, https://lafavoritamadrid.es, Mo.–Do. 9–1, Fr., Sa. 9–3, So. 9–12 Uhr, Menü mit Gesang Do.–Sa. In dem alten Bürgerhaus speist man gut, die Küche ist kreativ, doch das Originellste sind die Kellner. Sie nämlich schmettern zum Hauptgang Arien. Nicht etwa nur so zum Spaß, sondern auch, um ihr Budget aufzubessern. Die Engagements an der Oper sind hart umkämpft und wer gerade außen vor bleibt, muss schließlich in der Zwischenzeit auch irgendwie die Miete zahlen.

46 [C1] **La Musa** €€, Manuela Malasaña 18, https://grupolamusa.com/en/restaurante-musa-malasana, Tel. 914487558, Mo.–Fr. 9–24, Sa., So. 13.30–1 Uhr. Lebhaft, junges Publikum, kleine Tische, originell eingerichtet. Tapas oder auch Raciones, ebenso asiatische Gerichte und ein Probiermenü für zwei Personen. Gute spanische Weine und – für die, die nicht darauf verzichten wollen – deutsches Bier. Am Wochenende Wartezeit an der Bar einplanen.

47 [E5] **Maceira** €, Jesús 7, nahe Paseo del Prado, Tel. 914291584, tgl.

023md Abb.: tb

13.30–16.30, 20.30–23.30 Uhr. Auf der Speisekarte stehen *pulpo* (Seekrake), *mejillones* (Miesmuscheln), *vieiras* (Jakobsmuscheln), verschiedene Käsesorten und Galiciens angesagte Weißweine wie der Ribeiro und, etwas gehobener, der Albariño, ein in ganz Spanien beliebter Spitzen-Weißwein. Junges Ambiente.

› **Museo del Jamón** €€ (s. S. 78). Gleichzeitig Schinkengeschäft, Tapasbar und – im Obergeschoss – Restaurant. Hier gibt es Handfestes, vor allem gute Fleischgerichte, und für den Hunger zwischendurch an der Theke im Untergeschoss Tapas und *cañas* (Bier).

48 [B4] **Palacio de Anglona** €€€, Segovia 13, Tel. 663690023, Do., So. 13–24, Fr., Sa. 13–2 Uhr. Getünchte Wände, schickes Design, freundliche Kellner: ein Restaurant mit tollem Ambiente. Neben hoher Kochkunst mit leicht französischem Einschlag gibt es auch einfachere Fisch- und Fleischgerichte und Salate.

Günstige Preise und pragmatische Einrichtung im Pans & Company

49 [D3] **Pans & Company** €, Gran Vía 30, tgl. geöffnet. Tortilla-Baguettes, diverse Salate, leckere Teilchen, Tee und Kaffee – Pans ist die richtige Antwort auf McDonald's schräg gegenüber. Im Obergeschoss sitzt man mit Blick auf die Gran Vía auch alleine gut. Das Unternehmen hat noch einige weitere Filialen im Stadtkern.

50 [E2] **Tienda de Vinos** €, Augusto Figueroa 35, Tel. 915217012, Mi.–Mo. 13–16, 20.30–24, Di. 13–16 Uhr. Mitten im schicken Designerviertel Chueca wirkt diese Taverne nicht nur wie aus den 1970er-Jahren, sie ist es auch. Hinter der rötlichen Holzfassade gab es schon einfache Gerichte und Weine, als die Gäste hier noch heimlich gegen Franco wetterten und die Taverne inoffiziell „El Comunista" hieß. Heute kommt hierher, wer statt Fusionsküche ein herzhaftes kastilisches Schnitzel will. Alberto Mielgo drehte hier übrigens die Einstiegsszene seines oscarprämierten Kurzfilms „The Windshield Wiper" (2021).

› **Vips** (s. S. 82). Zum Selbstbedienungsladen gehört ein einfaches Restaurant, in dem man auch nachts bis 3 Uhr noch etwas Warmes zu essen bekommt.

51 [B5] **Viva Burger** €€, Costanilla de San Andrés 16 (Pl. de la Paja), https://vivaburger.es, So.-Do. 11-24, Fr., Sa. 11-1 Uhr. Ziemlich farbenfroh geht es auf den beiden Stockwerken zu. Das vegetarische Buffet ist lecker, lockeres Ambiente und in der Regel gut besucht.

Typisch madrilenisch

52 [C4] **Casa Botín** €€€, Cuchilleros 17, Tel. 913664217, www.botin.es, tgl. 13-23.30 Uhr. Das 1725 gegründete Restaurant ist laut Guinnessbuch das älteste der Welt. Kastilisches Lamm *(cordero)* ist die Spezialität des Hauses. Die Auswahl an Weinen ist beachtlich. Im März 2020 war das Botín erstmals in seiner Geschichte für ein paar Tage geschlossen – wegen der Coronapandemie. Der 300 Jahre alte Ofen blieb aber an, um die Temperatur konstant zu halten.

53 [B4] **Casa Ciriaco** €€, Mayor 84, Metro: Ópera, Tel. 915480620, Di.-Sa. 12-23, So., Mo. 12-16 Uhr. Ein historisches Restaurant mit kastilischer Hausmacherkost, die Wände sind über und über mit Fotos dekoriert.

133md Abb.: ©TOimages, stock.adobe.com

54 [B5] **Casa Lucio** €€€, Cava Baja 35, Metro: La Latina, Tel. 913653252, www.casalucio.es, tgl. 13-16 und 20.30-24 Uhr. Geboten wird kastilische Küche, u. a. auch *cocido madrileño* oder *huevos estrellados*. Letztere sind übrigens nichts anderes als in Olivenöl gebratene Kartoffeln mit Spiegelei *(huevos fritos)*.

55 [B4] **Casa Paco** €€€, Puerta Cerrada 11, Tel. 913663167, www.casapaco1933.es, Mo.-Sa. 12-16, 19-24, So. 12-16 Uhr. Angesehene spanische Küche, angemessene Preise. Gut sind vor allem die Tapas an der Theke, doch man sollte mit 60 € pro Person schon rechnen.

56 [C4] **Casa Revuelta** €€€, Latoneros 3, Tel. 913663332, Di.-Sa. 10.30-16, 19-23, So. 10.30-16 Uhr. Spezialisiert auf die typischen Speisen der Region, doch eines gibt es hier in Reinkultur: *bacalao* (Kabeljau). Dieser Fisch stammt zwar von der Küste, ist aber ein traditionelles Essen der Madrilenen seit Jahr und Tag.

57 [B3] **La Bola** €€, de la Bola 5, Tel. 915476930, www.labola.es, Mo.-Sa. 13-23, So. 13-16 Uhr. Der *cocido a la madrileña* ist ein Eintopf mit Fleisch und Kichererbsen, *chuletitos de cordero lechal* wiederum Koteletts vom Milchlamm, was man hier für rund 20-30 € bekommt. Und auf dem Tagesmenü steht oft *ropa vieja*, Rindfleisch mit einer Zwiebel-Wein-Soße. Eine Institution in Madrid seit 1870.

58 [B5] **La Viuda de Vacas** €€, Águila 2, Mi.-Mo. 13-16.30, 20.30-24 Uhr. Gemütliches Nachbarschaftsrestaurant im Viertel La Latina mit kastilischer Küche, ergänzt mit Reis aus der Region Murcia.

Der Kachelofen in der Casa Botín ist lebendige Historie

Gehobene Kochkunst

59 [D4] **Lhardy** €€€, Carrera de San Jerónimo 8, Tel. 915222207, www.lhardy.com. Mo.–Sa. 13–24, So. 13–16 Uhr. Seit der Gründung dieses Restaurants 1838 scheint die Zeit stehen geblieben zu sein. Im Erdgeschoss kann man Delikatessen einkaufen oder sie gleich in kleinen Häppchen zu sich nehmen. Der Speisesaal im ersten Stock strahlt im Glanz seiner Kronleuchter. Der Stil hat seinen Preis: Der ehemals als Armeleuteessen geltende *cocido* hat fürstliche Preise, ebenso wie die Tagesmenüs.

60 [cf] **Volvoreta** €€€, Paseo de la Castellana 259, Tel. 913342755, www.restaurantevolvoretamadrid.com, Di.–Sa. 13.30–16, 20.30–23 Uhr, Reservierung erforderlich. Zum Hochhausquartett an der Castellana gehört der Torre Sacyr Vallehermoso, im 30. Stock ist dieses Restaurant untergebracht. Mediterrane Küche und sagenhafter Blick auf Madrid und die Sierra. Für ein Drei-Gänge-Menü sollte man mit rund 80 € rechnen.

International

61 [D3] **Restaurante Zara** €€, Infantas 5, Tel. 915322074, www.restaurantezara.com, Di.–Sa. 13–16, 20–23 Uhr. Frittierte Bananen, *Moros y Cristianos* (Reis mit schwarzen Bohnen) und pikantes Hühnerfleisch. Hier werden spanische und kubanische Gerichte serviert. Das Zara gehört zu den eher preiswerten Restaurants des Stadtteils Chueca. Kleiner Raum, gemütliche Atmosphäre.

MEINE TIPPS

Für Morgenmuffel

Wer am Wochenende erst spät aus den Federn kommt, kann z. B. im **Café Comercial** (s. S. 61) brunchen (Sa., So. 10.30–13 Uhr) – eher eine Seltenheit, da in Spanien generell spartanisch gefrühstückt wird.

Lecker vegetarisch

Besonders empfehlenswert unter den vegetarischen Restaurants sind

› **La Biotika** (s. S. 64)

62 [E2] **Vegaviana** €€, Pelayo 35, Tel. 913080381, Di.–Sa. 13.30–16, 21–23.30 Uhr. Breites Angebot an veganen und vegetarischen Gerichten. Es wird viel Wert auf Bio-Zutaten gelegt, günstiges *menú del día*.

› **Viva Burger** (s. S. 66)

Dinner for one

Wer alleine unterwegs ist und auch unabhängig von den üblich späten Essenszeiten etwas zu sich nehmen möchte, dem seien folgende Lokale ans Herz gelegt, in denen man allein sitzen kann, ohne aufzufallen:

› **Museo del Jamón** (s. S. 65)

› **Pans & Company** (s. S. 65)

Lokale mit guter Aussicht

› **El Ventorillo** (s. S. 62). Aus dem Ventorillo bietet sich eine schöne Aussicht auf die Kathedrale.

› **Volvoreta** (s. oben). Aussichtsrestaurant im 30. Stock eines der höchsten Wolkenkratzer Spaniens.

Für den späten Hunger

In Spanien wird spät gegessen, viele Restaurants sind daher bis Mitternacht geöffnet. Wen später in der Nacht noch der Hunger plagt, der kann z. B. hier einkehren:

› **Vips** (s. S. 82), Kaufhaus mit angeschlossenen Schnellrestaurants, die erstaunlich gute Tellergerichte zu vernünftigen Preisen anbieten. Hier bekommt man auch frühmorgens noch etwas Warmes zu essen.

› **Chocolatería San Ginés** (s. S. 69)

Madrid am Abend

Nachtleben

Die Madrileños nennen sich Katzen, „gatos". Angeblich schlafen sie nie, und wenn man samstags um vier Uhr morgens über die zentrale Puerta del Sol läuft, sind dort so viele Nachtschwärmer unterwegs, dass man es fast glaubt. „Viva la noche" eben, es lebe die Nacht.

Und die hat ihre Rhythmen. Zunächst geht es in die Restaurants und Tapasbars für eine gute Grundlage, dann in die Musikkneipen und frühestens ab 1 Uhr nachts in die Discos, wenn es dort allmählich lebhaft wird.

Die Plaza Santa Ana (18) ist bestens gerüstet für Partygänger

153md Abb.: ©alessandrogiam, stock.adobe.com

Ausgehviertel

Die besten Ausgehviertel mit vielen Kneipen, Terrassen und Tavernen sind **Chueca** (s. S. 42) rund um die Plaza de Chueca (30), **La Latina** (s. S. 27) rund um die Plaza de la Paja, **Malasaña** (s. S. 42) rund um die Plaza del Dos de Mayo (28) und **Lavapiés**, wo sich einige Terrassenbars an der Straße Argumosa [E6] befinden. Das Ausgehviertel per se ist **Huertas** (s. S. 30), denn hier – rund um die Plaza Santa Ana (18) – gibt es das größte und vielfältigste Angebot. Vor allem ab Donnerstagabend ist aber auch in den anderen Stadtgebieten viel los und die Party dauert schon mal bis zum Morgengrauen. Gegen 5 oder 6 Uhr morgens finden sich dann einige in der **Chocolatería San Ginés** ein, der letzten Anlaufstelle. Die Leute stehen dort oft regelrecht Schlange.

Anschluss findet man schnell, bald schon ist man in der Gruppe unterwegs und am nächsten Tag genauso schnell wieder vergessen, aber was solls. Wer nicht so viel verträgt, sollte übrigens mit den in Madrid beliebten Gin Tonics aufpassen. Die Dosierungen sind mit mitteleuropäischen nicht zu vergleichen, der Gin-Anteil ist oft deutlich höher.

KURZ & KNAPP

La Marcha

Wörtlich „der Marsch“, gemeint ist aber das gute Ambiente bei der Kneipentour. *Marcha* wird „martscha“ ausgesprochen.

Bars und Tavernen

63 [D4] **Cervecería Alemana,** Plaza Santa Ana 6, tgl. 10–24 Uhr. Diese bekannte Bar, die schon seit 1904 existiert, ist immer gut besucht. Trotz des missverständlichen Namens hat sie mit einer deutschen Bierkneipe rein gar nichts zu tun.

64 [C4] **Chocolatería San Ginés,** Pasadizo de San Ginés 5, Mo.–Mi. 8–24 Uhr, Do.–So. 24 Stunden geöffnet. Hier beenden viele den Nachtstreifzug, um heiße, dickflüssige Schokolade mit Spritzgebäck *(churros con chocolate)* zu essen, ein Klassiker des Nachtlebens. Vor allem von Freitag auf Samstag kann es sogar um 5 Uhr morgens voll werden.

65 [D4] **El Imperfecto,** Plaza de Matute 2, tgl. 15–2 Uhr. Eine Art Stammkneipe in Huertas, obwohl es so etwas in Madrid eigentlich gar nicht gibt. Dienstags oft Jazzkonzerte – gute Cocktails, Tees und Cafés.

66 [B5] **El Viajero,** Plaza de la Cebada 11, Di.–So. meist ab 13.30 Uhr. Eine der alteingesessenen Stadtviertelbars in La Latina mit wunderbarer, sehr beliebter Dachterrasse. Guter Treffpunkt für eine *marcha* (s. r.), denn in der Umgebung gibt es viele weitere Bars und Freiluftterrassen.

67 [E4] **La Venencia,** Echegaray 7. Typisches, altmodisches und ruhiges Sherrylokal mit vergilbten, alten Stierkampfplakaten an den Wänden. Am Tresen gibt es den trockenen Sherry Fino aus Jeréz, den man am besten mit ein paar Oliven als Beilage genießt. Der Preis der Zeche wird mit Kreide auf den abgewetzten Holztresen geschrieben, jeweils dort, wo der Gast gerade steht, und nach dem Bezahlen einfach weggewischt. Solche Lokale sind selten geworden in Madrid, aber glücklicherweise gibt es sie noch vereinzelt.

68 [E2] **Taberna de Ángel Sierra,** Gravina 11, Metro Chueca, https://tabernadeangelsierra.es, tgl. 12–2.30 Uhr. Uriger geht es nicht. Das fand auch Pedro Almodóvar, der hier Szenen aus seinem Film „Parallele Mütter“ drehte.

69 [E4] **Taberna de Dolores,** Plaza de Jesús 4, tgl. 11–24 Uhr. Blau-weiße

Nachtbusse

Die letzte Metro fährt um 1.30 Uhr. Danach sind als Alternative zum Taxi die **Búho-Nachtbusse** im Einsatz. Sie starten alle an der Plaza de Cibeles 21 und ein Ticket kostet rund 1,50 €. Freitags und samstags fahren sie sogar im 20-Minuten-Takt. Der letzte Búho fährt um 5 Uhr morgens, obwohl manche Madrilenen da noch *la penúltima* trinken, den „Vorletzten“ (Gin Tonic).

› www.madridbuses.com/autobuses-nocturnos/

Smoker's Guide

Das **Rauchverbot** in Spanien gilt als eines der strengsten Europas. Untersagt ist das Rauchen an allen **öffentlichen Plätzen,** außerdem in allen **Gaststätten, Bars, Restaurants und Kneipen. Hotels** dürfen weiterhin Raucherzimmer anbieten und Raucherräume bereitstellen.

Kacheln an der Außenwand, stilvolles Interieur und Leute, die am langen Tresen zu marinierten Sardellen und Anchovis gerne mal einen guten Wein ordern. Nicht teuer.

70 [D1] **Tupperware,** Corredera Alta de San Pablo 26. Schon die Außenfassade dieser Bar im Stadtviertel Malasaña macht klar, warum drinnen die Barbie-Puppen im Fernseher tanzen. Eingerichtet wie eine futuristische Taverne der 1970er-Jahre. Hier ist bis drei Uhr morgens viel los.

71 [D4] **Viva Madrid,** Manuel Fernández y González 7, Mi.-So. meist ab 13 Uhr, Di. ab 18 Uhr. Im Sommer steht man vor der schönen Kachelfassade, die auch als Postkartenmotiv dient. Ein bunt gemischtes Publikum lässt hier Madrid hochleben – „Viva Madrid" eben. Angeblich sind die hiesigen Mojitos die besten der Stadt.

Cocktails

72 [E3] **Chicote** €€, Gran Vía 12, www.museo-chicote.com, So.-Do. 16-3, Fr., Sa. 16-3.30 Uhr. Eine der ganz traditionellen Bars, die einst der legendäre, gleichnamige Barkeeper des Grandhotels Ritz gründete. Das war 1931 und die Schwarz-Weiß-Fotos bezeugen noch heute die alten Tage. Unter uns: Die Tatsache, dass Hemingway hier schon seinen Daiquiri trank, ist heute wohl herzlich egal, auch wenn das alle schreiben (ich eingeschlossen, wie man sieht).

73 [E3] **Gift,** Plaza Pedro Zerola 12, https://room-matehotels.com/oscar. Das Gift liegt im Kiez des Stadtviertels Chueca. Designerbar mit kuriosen Farben und Lichteffekten, Lounge-Ecke und guter Drinkauswahl, die zum Hotel Room Mate Óscar gehört.

› **Glass Bar,** im Hotel Urban (s. S. 122), 18-2 Uhr. Stylische Cocktailbar des Designerhotels, die auch für Nichtgäste geöffnet ist.

Discos und Tanzbars

74 [B5] **Berlin Cabaret,** Costanilla de San Pedro 11, www.berlincabaret.com, Fr. 22-6, Sa. 17.30-6, So. 17.30-4 Uhr. Nachts um 1.30 Uhr treten hier tanzende Travestie-Künstler, schräge Magier oder Kabarettisten auf. Die Disco mit Kulturprogramm ist ein Highlight, keine Frage, die DJs klasse und die Location sowieso.

75 [D5] **El Juglar,** Lavapiés 37, www.salajuglar.com, Mi.-Sa. 21-3 Uhr. Rockmusik ist in Lavapiés' beliebter Bar besonders gefragt, es gibt aber auch Rumba, Jazz und Soul. Konzerte ab etwa 21 Uhr, nach Mitternacht oft Salsa aus der Dose.

76 [D4] **El Son,** Victoria 6, Tel. 915232609, 20-5 Uhr. Hier treffen sich die Lateinamerikaner und es gibt ausschließlich *latin music* auf die Ohren, also Salsa, Merengue, Tango, Son ...

77 [bj] **La Riviera,** Paseo Bajo de la Virgen del Puerto s/n, Tel. 913652415, www.salariviera.com, grundsätzlich Sa. und So. 20-6 Uhr, teilweise auch unter der Woche mit Konzerten und Guest-DJs. Mit sieben Tresenbereichen und 1500 m² Fläche zählt diese Disco am Ufer des Manzanares knapp unterhalb der Kathedrale zu den größten der Stadt.

78 [D1] **La Vía Láctea,** Velarde 18, Metro: Tribunal, Tel. 914467581, tgl. 19-3 Uhr. In den 1980er-Jahren einer der Hotspots der *movida madrileña,* zeigt sich das Lokal heute mit Konzerten und wechselnden musikalischen Themenabenden.

79 [E3] **Studio 54,** Barbieri 7, Mi.-So. 23.30-3 Uhr. Eine der beliebtesten LGBT-Discos der Stadt. Grandios kitschiges Design und Musik, wie sie auch im New Yorker Studio 54 vom Band läuft.

80 [E1] **Teatro Barceló,** Barceló 11, https://teatrobarcelo.com, Mi.-Sa. ab 24 Uhr. Die durchgestylten Schönheiten und gegelten Gockel Madrids lieben ihre

Traditionsdisco über alles. Das soll keine Kritik sein: Die Musik ist ein toller Mix aus Funk, Soul und Ibiza-Sound. Turnschuhe sehen die humorfreien Türsteher bei den Gästen natürlich gar nicht gern.

81 [C3] **Teatro Eslava,** Arenal 11–5, www.teatroeslava.com, Mi.–Sa. 0/0.30–6 Uhr. Erst nach Mitternacht beginnt in dem ehemaligen Theater die Party – dann aber richtig und bis in die frühen Morgenstunden. Genaue Partytermine auf der Website. Auch Konzerte.

82 [F5] **Teatro Kapital,** Atocha 125, https://teatrokapital.com, Mi.–So. 23–6 Uhr. Megadisco mit unterschiedlicher Musik auf sieben (!) Stockwerken: Sound von Alejandro Sanz über Brit-Rock bis Salsa und Merengue, außerdem Karaoke, Livebands, Spiele.

Livemusik

Jazz

83 [C3] **Café Berlin,** Calle Costanilla de Los Ángeles 20, http://berlincafe.es. Konzerte von Bands aus dem In- und Ausland. Die Location ist bei Insidern beliebt, es wird ein großes Spektrum an Musikrichtungen abgedeckt.

84 [D4] **Café Central,** Plaza del Ángel 10, www.cafecentralmadrid.com, So.–Do. 10–1, Fr., Sa. 10–3.30 Uhr. In der stimmungsvollen Jazzkneipe finden täglich ab 22 Uhr Auftritte großer und kleiner Jazzmeister statt. Bei bekannten Musikern sollte man rechtzeitig dort sein, sonst sind die wenigen Sitzplätze an den Tischen besetzt.

Mein Tipp

Terrassenbars mit Aussicht

Die Terrasse des weiß leuchtenden Hotels **ME Madrid Reina Victoria** (s. S. 122) erreicht man über einen Aufzug von der Seite der Plaza Santa Ana 18 aus. Chill-out-Bereiche, Sitzkissen, fähige DJs und ein toller Blick auf die Plaza lassen die Zeit schnell vergehen. Die Drinks sind leicht überteuert – man zahlt die Aussicht mit und kann ja auch später auf der Plaza einen zweiten oder dritten nehmen. Auch von der 360° Rooftop Bar des RIU-Hotels hat man eine herrliche Aussicht.

› **Radio ME Madrid Roof Top Bar,** https://radiomemadrid.com, Mi.–Sa. 20–2, So. 20–1 Uhr

86 [B2] **360° Rooftop Bar,** Calle del Maestro Guerrero, www.riu360rooftopbar.com, tgl. 11–1 Uhr, Eintritt für Nicht-Hotelgäste: 5/10 €

136md Abb.: ©Lola, stock.adobe.com

Atemberaubender Ausblick von der 360° Rooftop Bar

013md Abb.: ip

85 [bi] **Clamores,** Alburquerque 14, www.salaclamores.com, Auftritte ab 22 Uhr. Jazz und Blues, ausgesprochen *bohème* das Ganze, Livesound für Anspruchsvolle.

Rock

87 [A5] **Contraclub,** Bailén 16, www.contraclub.es, Fr., Sa. 22–6 Uhr. Alternatives Publikum, gute Live-Rockbands, vor allem aus Madrid selbst, ab und zu auch Flamenco. Ansonsten legen DJs alles auf, was richtig kesselt.

Salsa

88 [E5] **Discoteca Azúcar,** Atocha 107, https://azucarsalsadisco.com, Do.–Sa. 23–6 Uhr. Kleiner, aber angesagter Salsaclub nahe dem Atocha-Bahnhof, an Wochenenden gut gefüllt, aber ab 3 Uhr morgens hat man mehr Platz zum Tanzen – also vor allem etwas für echte Nachttänzer.

89 [D4] **La negra tomasa,** Cadiz 9, Ecke Espoz y Mina, tgl. 13–4 Uhr. Tagsüber ein preiswertes kubanisches Restaurant, nachts eine angesagte Salsa-Bar, häufig mit vier bis fünf Musikern auf der kleinen Bühne. In einer Ecke sitzt manchmal eine lebenserfahrene, kubanische Wahrsagerin, die aussieht, als sei sie direkt einer Zigarrenfabrik in Havanna entsprungen.

Flamenco

90 [E4] **Cardamomo,** Echegaray 15, Tel. 918051038, http://cardamomo.com, tgl. zwischen 18 und 23.30 Uhr, Preis: ab 39 € inkl. eines Getränks. Einstündige Shows in einem schummrigen Raum mit authentischem Ambiente.

91 [A5] **Corral de la Morería,** Morería 17, Tel. 913651137, www.corraldelamoreria.com, tgl. Shows ab 17.30, Sa. ab 13.30 Uhr, bis in den späten Abend. Gleich an der Terrasse Las Vistillas liegt eine der bekanntesten *Tablaos,* wie die Restaurants mit Flamencodarstellung heißen. In dem geräumigen Saal treten vorwiegend andalusische Fla-

Salsa-Band im La negra tomasa

mencokünstler auf. Die hohe Qualität der Aufführung wird durch das touristische Publikum etwas beeinträchtigt, das gerne mal an der falschen Stelle *Olé* ruft. Spanische Gäste sieht man kaum. Für eine Aufführung, Speisen nicht eingerechnet, muss man locker mit 60 € rechnen.

92 [A2] **Las Tablas,** Plaza de España 9, Tel. 915420520, https://lastablasmadrid.com. Flamencovorstellungen tgl. 19 und 21 Uhr, auch mit Tapas oder sogar Abendessen.

93 [D4] **Tablao Flamenco 1911,** Plaza Santa Ana 15, Tel. 915213689, https://tablaoflamenco1911.com. Hinter der bunten Kachelfassade, deren Eingang der klassische Name „Villa Rosa" ziert, verbirgt sich eine filmreife Kitschtaverne, sehr geräumig und mit Holztischen ausgestattet. Die Gäste können sich gar nicht sattsehen an den klassischen Kachelmotiven von tanzenden Gitanas und weinseligen Bauern. Die Küche ist auf Tapas spezialisiert, aus urigen Weinfässern kommt der Vino Tinto, die Kellner schneiden hauchdünne Schinkenscheiben auf Teller und in der Hauptsaison ist hier die Hölle los. Täglich zwischen 18 und 22.30 Uhr gibt es einstündige Flamencoshows. Das Tablao Flamenco ist eines der beliebtesten Tablaos ganz Spaniens.

94 [C2] **Teatro Flamenco,** Pez 10, Tel. 911592005, www.teatroflamencomadrid.com. Untergebracht im Teatro Alfil, findet dreimal am Abend (18, 20, 22.30 Uhr) jeweils eine einstündige Show statt. Es wird auch Unterricht gegeben.

Moderne Flamencoaufführung

Theater und Konzerte

Die Theaterszene vom Boulevardtheater bis zur klassischen Aufführung ist für den Besucher **sprachlich nicht leicht zu verstehen.** Das gilt besonders für Humoristisches oder Avantgardistisches, wie es die Revuetheater bieten. Junge Theaterensembles

Kulturkino

Das **Cine Doré** aus dem Jahr 1923 ist **eines der ältesten Kinos** der spanischen Hauptstadt. Für wenig Geld konnte man ab nachmittags bis tief in die Nacht ununterbrochen Stummfilme sehen. Zur Pianomusik gab es Sonnenblumenkerne („pipas"), daher nannte man das Kino bald „palacio de las pipas". 1963 machte es dicht, doch seit 1989 ist in dem renovierten Gebäude die Filmoteca Española untergebracht. Das vom Kulturministerium organisierte Kino zeigt Filme zu einzelnen Themenschwerpunkten, die in den Kinos der Gran Vía nicht auf die Leinwand kommen. Filmreihen zu lateinamerikanischem Kino oder zu Western stehen genauso auf dem Programm wie Schwarz-Weiß-Stummfilme. Ein in der Filmoteca ausliegendes Programmheft informiert über die jeweiligen Vorführungen, der Eintritt ist spottbillig. In der Eingangshalle gibt es ein Café-Restaurant (mit Mittagsgerichten), der angegliederte Buchladen ist eine Fundgrube für alle Film- und Kinoliebhaber.

Ein Besuch lohnt sich schon allein wegen der **schön renovierten Innenräume:** Der ganz in blau gehaltene große Saal mit seinen vielen kleinen Glühbirnen entlang der oberen Ränge ist eine interessante und gelungene Kombination aus ehrbar altem und mutigneuem Design. Im Sommer findet nach Sonnenuntergang **Freiluftkino im Innenhof** statt.

99 [E5] **Filmoteca Española,** Santa Isabel 3, www.cultura.gob.es/cultura/areas/cine/mc/fe/cine-dore/programacion.html, Di.–So. mehrere Vorstellungen, Verkauf von Eintrittskarten 16.15–22.45 Uhr. Öffnungszeiten Café-Restaurant Di.–So. 16–22.30 Uhr, Buchladen Di.–So. 11.30–14.30, 17–21 Uhr.

treten in den Kulturzentren La Casa Encendida und Matadero auf. Zu den traditionelleren Adressen zählt das Teatro Español mit klassischen und vielfach modernen und aktuellen Stücken. Daneben finden Stücke spanischer und ausländischer Autoren im Nationaltheater „María Guerrero" immer wieder Beifall (mittwochs halber Preis). Die besten Konzerte bietet das Auditorio Nacional, die besten Opern wiederum das Teatro Real nahe dem Königspalast.

95 [ch] **Auditorio Nacional de Música,** Príncipe de Vergara 146, Tel. 913370307, www.auditorionacional.mcu.es. Hier tritt vor allem Madrids Orquestra Sinfonía (www.osm.es) auf, dessen Konzerte sehr angesehen sind.

•**96** [D6] **La Casa Encendida,** Ronda de Valencia 2, Tel. 915062180, www.lacasaencendida.es, Di.-Sa. 10-20.45, So. 10-15.45 Uhr. Die Casa Encendida in einem alten Industriegebäude bietet neben Konzerten (Rock, Jazz, Folk) auch Theatervorführungen. Sehr günstige Karten, junges Publikum, das im „angezündeten Haus" voll auf seine Kosten kommt.

•**97** [bk] **Matadero Madrid,** Paseo de la Chopera 14, Tel. 913184700, www.mataderomadrid.org, tgl. 9-22 Uhr. Einst Schlachthof, heute Kulturzentrum, auch mit Theaterbühnen und Kinos. Die ausgesprochen experimentellen Projekte werden von der Stadt subventioniert.

98 [E3] **Teatro de la Zarzuela,** Jovellanos 4, Tel. 910505282 (Tickets),

126md Abb.: tb

https://teatrodelazarzuela.mcu.es. Zarzuela-Aufführungen gibt es hier vor allem im November und Dezember, ansonsten werden in dem schönen Saal Ballett und Tanztheater geboten.

100 [D4] **Teatro Español,** Príncipe 25 (Plaza Santa Ana), Tel. 914520474 (Tickets), www.teatroespanol.es. Das Theater im majestätischen Bau direkt an der belebten Plaza Santa Ana spielt vor allen Dingen spanische Klassiker wie Lope de Vega oder Gutiérrez.

101 [F2] **Teatro María Guerrero,** Tamayo y Baus 4, Tel. 902224949 (Tickets), https://dramatico.mcu.es. Für die hohe Qualität dieser Bühne bürgt das federführende staatliche **Centro Dramático Nacional.** Die Kritiken in der Presse sind manchmal fast so enthusiastisch wie die Sportkommentare bei Siegen von Real über Barça.

KURZ & KNAPP

Zarzuela

Unter dem Begriff „Zarzuela" versteht man eine spanische Bühnenshow mit Gesang und Musik, eine Art zotig-humorige Operette.

12 [B3] **Teatro Real (Oper),** Plaza de Oriente. Opern, Operetten und Ballett gibt es im Teatro Real, das als eine der technisch und akustisch besten Opern Europas gilt. Kartenreservierung und praktische Infos (s. S. 25).

102 [D6] **Teatro Valle-Inclán,** Plazuela de Ana Diosdado s/n, Tel. 915058800, https://dramatico.mcu.es/programacion/teatro-valle-inclan. Benannt nach einem Dichter aus dem 19. Jh., steht dieses Theater in Lavapiés, direkt neben der gleichnamigen Metrostation. Das bereits 1926 gegründete Haus gehört heute zum Centro Dramático Nacional und wird als zweite Bühne neben dem Teatro María Guerrero (s. l.) genutzt. Es hat zwei Bühnen, die Hauptbühne zählt immerhin 510 Plätze.

Darsteller des Teatro María Guerrero

Madrid zum Stöbern und Shoppen

Zum Shoppen bietet Madrid die Vielfalt pur. Das Stadtviertel Chueca wartet mit witzigen Designerläden auf, die lang gezogene Straße Gran Vía bietet Schuh- und Modegeschäfte, während rund um die Puerta del Sol große Einkaufszentren wie Corte Inglés liegen, in denen man so ziemlich alles bekommt.

Im Sommer geht man am besten zwischen 10 und 12 Uhr und dann wieder ab 18 Uhr shoppen, weil einem ansonsten die Hitze zu schaffen macht. In der Regel sind die Geschäfte werktags und an Samstagen zwischen 9 und 14 Uhr bzw. zwischen 17 und 20 Uhr geöffnet, Lebensmittelläden schließen vielfach am Samstagnachmittag.

Teuer und edel sind die Modeläden rund um die Calle de Serrano [G1/2] im Viertel Salamanca 32. **Antiquitäten** findet man in der Calle del Prado [E4] im Stadtviertel Huertas: alte Waffen, schmiedeeiserne Lampen, Holzkohlebecken, Hebelwaagen, gediegenes Mobiliar, Bilder und Keramik. **Handwerkskunst** ist von jeher um die Plaza Mayor 5 angesiedelt. In den Straßen Mayor und Arenal [B3/C4] liegen die **Stoff-, Schmuck- und Uhrengeschäfte** dicht gesäumt von Briefmarken- und

MEIN TIPP

Kunstbücher

Der **Museumsshop des Reina Sofía** 20 überzeugt durch eine gute Auswahl an Kunstbüchern. Hier findet man Ausstellungskataloge, Bildbände und Bücher zu Malerei, Theater, Film und Architektur.

Die Gran Via (s. S. 26) ist die große Shoppingmeile der Stadt

Stöbern in der Bücherstraße Claudio de Moyano

Münzläden, die sonntags ihre Produkte auf die Plaza Mayor verlagern. Zur gleichen Stunde stellen ganz in der Nähe junge Künstler auf der Plaza Conde de Barajas ihre Gemälde und anderen Kreationen aus.

Wer etwas **Typisches aus Madrid** mitbringen will, muss nicht unbedingt auf Plastik-Don-Quijotes, bunte Stierkampfplakate, schlecht gearbeitete Kastagnetten oder Aschenbecher mit Miró-Motiv aus den Souvenirläden an der Plaza Mayor oder am Paseo del Prado zurückgreifen. Wie wäre es mit einer **Paella-Pfanne,** die man in jedem Kaufhaus günstig bekommt? Und, damit die gelbe Färbung der spanischen Paella auch wirklich gelingt, dazu noch etwas Safran *(azafrán),* der in Spanien relativ günstig ist? Oder vielleicht eine **Flamenco-CD** von Paco de Lucía aus einem der Musikläden auf der Gran Vía oder der Calle Mayor? Oder zum Beispiel ein *Licor de Madroños,* einem authentischen **Madrider Likör?**

Wer den Einkaufsbummel noch bis in die frühen Morgenstunden fortsetzen will, kann bis nachts um drei auch am Wochenende in den **Selbstbedienungsläden** mit der Aufschrift **Vips** (s. S. 82) vorbeischauen, Treffpunkt für Leute jeden Alters, die hier die letzten Lebensmittel einkaufen oder sich einfach in den angegliederten Restaurant-Cafés treffen.

Einkaufstipps

Bücher

Fans antiquarischer Bücher treffen sich in der Straße Claudio Moyano [F/G5] (Metro: Atocha). Besonders sonntags dehnt sich hier der Handel der kleinen Holzbuden zu einer Art Bücherflohmarkt aus (tgl. 10.30–14.30 Uhr).

103 [D3] **Casa del Libro,** Gran Vía 29. Großer Buchladen, der auch umfangreiche Literatur in Fremdsprachen führt.

› **Filmoteca** (s. S. 74), Di.–So. 11.30–14.30, 17–21 Uhr. Der Buchladen im

131md Abb.: hf

Kino Filmoteca Española verfügt über ein großes Angebot an Büchern zum Thema Film.

› **Librería Antonio Machado** im Círculo de Bellas Artes (3). Besonders angesehene Buchhandlung für spanische Literatur.

104 [C4] **Librería de Mujeres,** Marqués Viudo de Pontejos 4, nahe der Plaza Mayor. Hier findet man Frauenliteratur und Infos zur spanischen Frauenbewegung.

Delikatessen

105 [C5] **Aceitunas Jiménez,** Plaza General Vara del Rey 14. Mitten auf dem Rastro in einer Seitenstraße der Plaza General Vara del Rey liegt dieser authentische kleine Olivenladen, eine Art *Tía-Carmen-Tienda* (Tante-Emma-Laden) mit überschaubarem Sortiment. Vor allem an Sonntagen ist der Laden voll.

106 [D4] **Antigua Pastelería del Pozo,** del Pozo 8, nahe Puerta del Sol, https://antiguapasteleriadelpozo.com, Di.-Sa. 9.30-14, 17-20, So. 9.30-14 Uhr. In der wohl ältesten Bäckerei der Stadt werden seit 1830 süße Leckereien verkauft.

107 [E4] **Casa Mira,** San Jerónimo 30. Aus dem riesigem Angebot stechen die *Turrones* als Süßigkeit aus Honig, Eiweiß und Mandeln heraus. Diese traditionelle Weihnachtsdelikatesse wird hier schon seit 1841 verkauft.

108 [B4] **El Jardín del Convento,** Calle del Cordón 1, liegt etwas versteckt bei der Plaza de la Villa (8), Metro: Ópera, Tel. 915412299, www.eljardindelconvento.net, Di.-Sa. 11-14.30, 17.30-20.30 Uhr. Wunderbarer kleiner Laden, der z. B. Gebäck, Schokolade und Marmelade aus verschiedenen Klöstern Spaniens anbietet. Die Süßigkeiten eignen sich auch gut zum Verschenken, denn auf Wunsch werden hübsche Präsentkörbe erstellt.

109 [C4] **El Riojano,** Calle Mayor 10, Metro: Sol, Tel. 913664482, tgl. 9-21 Uhr. Das Geschäft fällt schon allein durch die ungewöhnliche Fassade auf, die – so scheint es zumindest – noch aus dem Gründungsjahr 1855 stammt, was aber vermutlich nicht der Fall ist. Trotzdem, einfach vorbeilaufen kann man kaum, denn das leckere Sortiment im Schaufenster mit Kuchen, Torten und Gebäck lässt sich schwerlich ignorieren. Wer möchte, probiert gleich an Ort und Stelle schon mal im angeschlossenen Café.

110 [D4] **Museo del Jamón,** San Jerónimo 6, nahe der Puerta del Sol, www.museodeljamon.com. Alle Sorten luftgetrockneten Schinkens bekommt man in diesem „Schinkenmuseum".

MEIN TIPP

Plätzchen von den Nonnen

Im **Konvent Corpus Cristi** an der Plaza del Conde de Miranda wird gebacken. Die leckeren Plätzchen stellen Nonnen her, die komplett von der Außenwelt abgeschieden sind. Zwischen 9.30 und 13 oder 16 und 18.30 Uhr am Schild an der Straße Calle del Codo klingeln. Ertönt ein „Ave María purísima" aus dem Lautsprecher, sagt man am besten „dulces, por favor" („Plätzchen, bitte"). Dann surrt die Tür, es geht einen kleinen Gang hinein und die *dulces* werden durch eine rotierende Theke gereicht. Nicht teuer, sehr lecker – und außerdem viel kultiger als Shoppen im Corte Inglés (s. S. 79).

111 [B4] **Konvent Corpus Cristi,** Plaza del Conde de Miranda 3

Shoppingareale

Die wichtigsten Shoppingbereiche der Stadt sind im Kartenmaterial mit einer rötlichen Fläche markiert.

Jamón, Jamón

Dass der Geschmack von Schinken etwas sehr Sinnliches hat, wissen die Spanier nicht erst seit dem Film „Jamón, Jamón“ mit Penélope Cruz und Javier Bardem. Sie **kultivieren ihre Keulen,** in jeder Haushaltsküche findet sich eine solche samt Halterung und langem Fachmesser. In nahezu jeder Bar schneiden Kellner die Scheiben so hauchdünn, dass man dabei das Messer durchschimmern sieht. Und es gibt kaum ein Thema, über das die Madrilenen so gerne reden, wie über den „sabor“ (Geschmack) ihres Lieblingsschinkens: „Ay, que sabor.“

Schon beim Anblick der schwarzen **Ferkel zwischen den Korkeichen der Extremadura** und im Hochland Andalusiens bekommen sie richtig Appetit. Dort kommen die besten Schinken her, denn die Schweine leben im Freien und ernähren sich vorzugsweise von Eicheln („bellotas“). Die Keulen werden später in Salz eingelegt und reifen danach bis zu zwei Jahre. Die Bars in Madrid verkaufen vor allem Serranoschinken. Bietet man Ihnen aber im Museo de Jamón einen **„Jamón Ibérico Gran Reserva de Bellota“** an, ist das der beste Schinken des Landes. Sauteuer, aber fantastisch im Geschmack. (Eine komplette, 7 kg schwere Pata-Negra-Keule kann gut und gerne 600 Euro kosten.)

134md Abb.: ©Art Johnson, stock.adobe.com

Geschenke

112 [C5] **Caramelos Paco,** Toledo 55. Bonbons bis an die Decke, ein bunteres Schaufenster gibt es vermutlich in ganz Madrid nicht. Zu den Klassikern gehören die Chupa Chups. Ein Händler namens Enric Bernat hat diese Lutscher 1958 in Asturien erfunden und wurde damit steinreich.

113 [D3] **Casa de Diego,** Puerta del Sol 12. Renommierter, 1858 gegründeter Laden für Fächer *(abanicos),* Regenschirme und Gehstöcke. Handgemacht, sehr haltbar und authentisch.

114 [D4] **La Violeta,** Plaza de Canalejas 6. Die in kleine, violett-weiße Kartons eingepackten Veilchenbonbons sind ein Geschenkhit unter Madrilenen – beliebtes, fast schon etwas spießiges Mitbringsel beispielsweise für die Tante aus Alicante.

Kaufhäuser

115 [ci] **ABC Serrano,** Serrano 61/Castellana 34, Mo.–Sa. 10–21 Uhr. 80 Läden mit einheimischer und internationaler Mode in einem alten Ziegelsteinbau mit andalusischem Flair. Die Terrasse im 4. Stock bietet einen schönen Ausblick auf die Hochhäuser der Castellana.

116 [C3] **El Corte Inglés Callao,** Plaza de Callao, Mo.–Sa. 10–22 Uhr. Die gigantische Kaufhauskette bietet eine riesige Auswahl und gute Qualität, ist jedoch nicht gerade billig. Erstklassig ist der Supermarkt im Untergeschoss mit einer breiten Auswahl von Schinkenkeulen über frische Meeresfrüchte bis zu Weinen und spanischen Cognacs.

117 [C3] **FNAC,** Preciados 28, Mo.–Sa. 10–22 Uhr. Im FNAC an der Metrostation Callao gibt es eine beachtliche Auswahl an Büchern, Elektronika, CDs und Vinyl.

143md Abb.: ©pavelgulea, stock.adobe.com

Hier wird massenhaft spanischer Sound zum Reinhören geboten: von Enrique Iglesias bis Melendi, von Amaral bis Estopa.

Märkte und Markthallen

In jedem Stadtteil ist täglich Markt. Ein Spaziergang durch diese Markthallen gewährt einen lebhaften **Einblick in spanische Essgewohnheiten.** Es gibt frischen Fisch, Käse, Hühner, alle spanischen Zitrusfrüchte und selbstverständlich mindestens eine Bar.

118 [E5] **Antón Martín,** Santa Isabel 5, Metro: Antón Martín. Die unscheinbaren Eingänge und kleinen Fenster des mehrstöckigen Gebäudes nahe dem Kino Cine Doré lassen von außen nicht erahnen, dass sich im Innern auf mehreren Stockwerken die Lebensmittel nur so türmen. Eine der authentischen Markthallen der Stadt.

Im Mercado San Miguel 7 kann man die Bauweise aus gusseisernen Streben bewundern

119 [B2] **Los Mostenses,** Plaza de los Mostenses 1, nahe Plaza de España. In die Markthalle kommt vor allem die Expat-Gemeinschaft aus Lateinamerika. Fisch und Früchte sind vergleichsweise günstig und es gibt auch ein paar Produkte aus Chile, Mexiko und Argentinien.

120 [C1] **Mercadillo Dos de Mayo,** Malasaña, Metro: Tribunal. Das ganze Jahr über findet samstags auf der Plaza del Dos de Mayo ein kleiner Antiquitätenmarkt statt, bei dem es viel ruhiger zugeht als auf dem Rastro am Sonntag. Die Stände führen keinen Ramsch, sondern guten Schmuck, alte Bücher, Spielzeug und vieles mehr.

121 [B5] **Mercado de la Cebada,** Plaza de la Cebada 15, Metro: La Latina, www.mercadodelacebada.com, Mo.–Fr. 9–14, 17–20, Sa. 9–18 Uhr. Eine richtige klassische Markthalle ohne touristischen

Schnickschnack. Im Angebot sind Kartoffeln aus Galicien, Sidre aus Asturien und Rindfleisch aus dem Baskenland, aber auch Chips und Steinfrüchte. Zum Ausruhen trinken die Kunden Kaffee und Bier in den Mini-Bars.

122 [E2] **Mercado de San Antón,** Figueroa, Verkauf: Mo.–Sa. 10–22 Uhr, Bars: ab 12 Uhr. Markt auf zwei Etagen. Unten mit normalen Wochenmarktprodukten, oben teils schicke Bars. Ganz oben gibt es eine Restaurant-Terrasse.

7 [B4] **Mercado San Miguel,** Plaza de San Miguel, nahe der Plaza Mayor, So.–Do. 10–24, Fr., Sa. 10–1 Uhr. Die einzig verbliebene gusseiserne Markthalle der Stadt aus dem Jahr 1916 ist die schönste und fotogenste weit und breit. Der frühere Alltagsmarkt ist heute ein Gourmettempel mit 34 Ständen, an denen es Austern, Champagner, Kochbücher, Brot und Seeteufel gibt. Nur noch wenig Authentisches aus Madrid gibt es hier, dafür aber in den umliegenden Tavernen.

MEIN TIPP

Kreativmarkt im Bahnhof

Kultiges, Kreatives, Vintage u. v. m. gibt es einmal im Monat auf dem Indoorflohmarkt im Bahnhofsmuseum. Mit Begleitprogramm, Imbissbuden etc.

123 [ck] **Mercado de Motores,** Paseo de Delicias 61, Metro: Delicias, https://mercadodemotores.es, jeweils am zweiten Sa., So. im Monat 11–21 Uhr

Mode

Das **Stadtviertel Salamanca** 32 (Metro: Serrano) ist das unangefochtene **Modezentrum Madrids.** Viele der internationalen Modemacher verkaufen in den Straßen Serrano, Ortega y Gasset und Claudio

Beim Capa-Schneider im Laden Capas Seseña (s. S. 82)

016md Abb.: tb

MEINE TIPPS

Kleine Pause vom Shoppen

Auf drei Stockwerken bietet der nach US-Vorbild gestaltete Streetfood-Markt **Ildefonso** gleich 15 Gastro-Stände, drei Bars und zwei Terrassen. Sehr angesagter Ort, um sich nach der Büroarbeit zu treffen.

131 [D2] **Mercado Ildefonso,** Fuencarral 58, Metro: Tribunal oder Gran Vía, www.mercadodesanildefonso.com

Nachts und am Wochenende

Der Selbstbedienungsladen Vips bietet ein großes Angebot an Lebensmitteln, Zeitungen, Zeitschriften, Büchern und Geschenkartikeln und hat bis in die Nacht sowie auch sonntags geöffnet. Angegliedert sind Schnellrestaurants.

132 [C3] **Vips,** Gran Vía 49, So.-Do. 8.30-24, Fr., Sa. 8.30-1 Uhr

Coello ihre exklusiven Schöpfungen. Lokale Designer haben ihre Geschäfte dagegen eher im **Stadtviertel Chueca** (s. S. 42). Wer dort in den Straßen Conde Xiquena, Prim und Almirante bummelt, entdeckt die eine oder andere Boutique mit extravaganter Mode zu bezahlbareren Preisen.

› **Casa de Diego** (s. S. 79). Spießige Spazierstöcke mit Stierkopfknauf, praktische Regenschirme in Übergröße und vor allem traditionelle Fächer *(abanicos)* gehen hier seit 1858 über den Ladentisch.

124 [D4] **Capas Seseña,** Calle de la Cruz 23, Metro: Sol, www.sesena.com. Seit 1901 verkauft die Casa hier selbst hergestellte Capas. Die Kampftücher der Stierkämpfer dienen als Mantelumhänge und es gibt sie in verschiedenen Modellen, Größen und Farben. Spanier lieben den einzigartigen Laden, aber auch Hillary Clinton war schon da. Preis pro Stück ab rund 300 €.

125 [C4] **Casa Yustas,** Plaza Mayor 30, www.casayustas.com. Reichhaltiges Sortiment an Kopfbedeckungen von der Baskenmütze bis zum Sonnenhut.

126 [H1] **Il Grifone,** Calle de Núñez de Balboa 46, Metro: Velázquez, Tel. 915759838, Mo.-Fr. 11-14.30, 17-20.30, Sa. 11-14.30, 17-20 Uhr. Outlet mit italienischer Mode großer Marken aus der vergangenen Saison zu günstigen Preisen (etwa 30-60 % Rabatt), teilweise auch Secondhandware.

127 [G2] **Purificación García,** Calle Serrano 28, Metro: Serrano, Tel. 914358013, www. purificaciongarcia.es, Mo.-Sa. 10-21 Uhr. Elegant-schlichte Damenmode von „Puri", einer Designerin, die aus Spaniens Norden, genauer aus Galicien, stammt. Sie entwirft schicke Jacken, die sowohl bei der Arbeit als auch in der Freizeit getragen werden können.

128 [A2] **The Circular Project,** Ventura Rodríguez 22, Metro: Plaza de España, Di.-Sa. 10.30-14, 17-19.30 Uhr. Die gelernte Journalistin Paloma und ihr Team bieten in ihrem kleinen Laden nachhaltige Mode statt Wegwerf-Accessoires an.

129 [C3] **Zara,** Preciados 18, Metro: Sol. Die Modekette Zara wurde von Amancio Ortega gegründet, was ihn zum reichsten lebenden Spanier machte. Hier gibt es zu relativ niedrigen Preisen alles rund um Schuhe, Anzüge, Abendkleider, Taschen und Co.

Schuhe

130 [C1] **Antigua Casa Crespo,** Divino Pastor 29, Metro: Bilbao, www.antiguacasacrespo.com. Maxi Garbayo macht das, was ihre Urgroßeltern schon taten: Bastschuhe in allen erdenklichen Farben und Größen verkaufen.

133 [C3] **Camper Preciados Madrid,** Calle Preciados 23. Hier gibt es legere, bequeme, sportliche Schuhmode des Labels aus Mallorca.

134 [C4] **Casa Hernanz,** calle de Toledo 18–20, unmittelbar neben der Plaza Mayor, Metro: La Latina, Tel. 913665450, Mo.–Fr. 9–13.30, 16.30–20, Sa. 10–14 Uhr. Das kleine Traditionsgeschäft aus dem Jahr 1840 ist über und über mit *alpargatas* (handgefertigte Bast-Leinen-Schuhe) vollgestellt. In der warmen Jahreszeit bilden sich hier immer lange Schlangen von Leuten, die das Tragen dieser luftigen, leichten Schuhe in der Hitze schätzen gelernt haben.

Musik und Instrumente

Viele Musikgeschäfte und Gitarrenbauer finden sich rund um den Platz Isabel II [B3] an der Metrostation Ópera am Teatro Real.

135 [C4] **Guitarras Ramírez,** Paz 8, Tel. 680122262, www.guitarrasramirez.com. Kaum ein Gitarrenbauer Spaniens ist berühmter. Seit Generationen werden hier Instrumente gebaut, José Ramiréz eröffnete die Werkstatt 1882.

136 [C3] **La Metralleta,** Plaza San Martín s/n. In dem Plattenladen in der Einkaufspassage der Tiefgarage Descalzas gibt es gebrauchte Vinyl-Schallplatten, CDs und DVDs vom Schnäppchen bis zum Sammlerstück.

Mein Tipp

Fanshops der Galaktischen – und ihres größten Kontrahenten

In der Tienda de Real Madrid geht alles mit entsprechendem Vereinslogo über den Ladentisch: Poster, Fußballtrikots, Käppis und Uhren – nicht gerade zu Schnäppchenpreisen. Vom Laden aus blickt man direkt in das Stadion Santiago Bernabéu 33.

137 [cg] **Tienda de Real Madrid (1),** Avenida de Concha Espina 1, Metro: Santiago Bernabéu, Mo.–Sa. 10–20, So. 11–19.30 Uhr. Im Zentrum gibt es noch weitere Filialen:

138 [C4] **Tienda de Real Madrid (2),** Arenal 6

139 [D3] **Tienda de Real Madrid (3),** Gran Vía 31

140 [D3] **Tienda de Real Madrid (4),** El Carmen 3

Kaum zu glauben, aber als Kontrastprogramm unterhält auch der große Konkurrent aus Katalonien einen Fanshop in der Hauptstadt:

141 [C4] **Tienda Futbol Club Barcelona,** Arenal 9

017md Abb.: tb

Im Fanshop der „Galaktischen" Real Madrid

032md Abb.: tb

Madrid zum Durchatmen

Madrid ist hektisch laut, die Abgase nerven und bei allem pulsierenden Leben ist irgendwann bei jedem die Zeit gekommen, in der man Ruhe benötigt. Doch es gibt auch sie – die Orte zum Entspannen inmitten des Asphaltdschungels.

MEIN TIPP

Arabische Bäder

Baños Arabes ist ein empfehlenswerter Hamam mit diversen Bädern, Entspannungsräumen und Massageangeboten in maurischem Ambiente. Komplettiert wird das Angebot durch ein gutes andalusisches Restaurant.

S142 [C4] **Baños Arabes,** Atocha 14, Ecke Plaza Jacinto Benavente, https://madrid.hammamalandalus.com, Anmeldung: Tel. 914299020, tgl. 10–22 Uhr, Eintritt ab 57 €

- **Retiro-Park** 26: Der weitflächige Stadtpark ist Madrids Oase. Es gibt viele Liegeflächen, Cafés und schöne Gehwege, vom Autolärm hört man nicht viel.
- **Garten des Museums Reina Sofía** 20: Hier im Innenhof lässt es sich herrlich entspannen, es gibt Bänke zum Lesen, Skulpturen von Calder und Miró und man kommt sogar ohne Eintrittskarte hinein.
- **Bahnhof Atocha** 27: In diesem schönen Jugendstilbahnhof ist es nur in Teilen laut, denn in das Gebäude wurde ein üppiger Palmengarten mit leisen Sprinkleranlagen integriert – ein paar Cafés gibt es auch.
- **Café Comercial** (s. S. 61): Das ruhige, geräumige Café Comercial an der Glori-

Der Kristallpalast im Retiro-Park 26

eta de Bilbao befindet sich direkt an der Metrostation Bilbao. Vor der Tür gibt es einen großen Zeitungsstand und drinnen keinen Lärm, damit man ganz in Ruhe seinen Kaffee trinken und eine längere, wohlverdiente Pause einlegen kann.

› **Plaza del Dos de Mayo** 28: Malasañas Altstadtplatz ist komplett verkehrsberuhigt und bei Weitem nicht so berühmt und touristisch wie die Plaza Mayor 5 oder die Plaza Santa Ana 18. Die Tavernen am Platz verfügen über ruhige Außenterrassen. Auch für Kinder geeignet, denn hier gibt es ein paar Spielplätze.

135md Abb.: ©ltza, stock.adobe.com

Der Innenhof des Museums Reina Sofía 20 *ist eine Oase der Ruhe*

Erholungsgebiet Madrid Rio

Früher war der **Stadtfluss Manzanares** ein eher unscheinbares Rinnsal, seine Ufer grau und der Verkehr rechts und links davon ohrenbetäubend. Selbst Enten hielten es auf dem Dreckwasser nicht aus. Stadtbesucher hätten den Manzanares nie mit der Themse oder der Seine gleichgesetzt – die meisten wussten gar nichts von dem „Fluss“ in Madrid. Seit 2011 ist das anders. Das wichtigste Ökoprojekt der jüngeren Stadtgeschichte ist Realität geworden. Sein Name: **Madrid Rio**. Nach über zehn Jahren Bauzeit ersetzt eine sechs Kilometer lange Grünfläche mit Strand neben dem Arganzuela-Park die brummende, stinkende Stadtautobahn M 30. Die Stadtplaner haben sie nach unten verlegt und darüber – vor allem zwischen den Brücken Puente del Rey und Puente de la Princesa – für bessere Luft 33.000 Bäume angepflanzt. Die Stadtplaner rund um den Architekten Dominique Perrault haben für fünf Aussichtspunkte und eine kurios geschwungene Arganzuela-Brücke gesorgt (erreichbar mit der Buslinie 18 ab Plaza Mayor), weiterhin für einen Kanal für Ruderer, Boccia-Bahnen, elf Spielplätze, Skaterpisten, einen Kletterparcour und einen zehn Kilometer langen Radweg (Radverleih an der Puente del Rey, www.mibikerio.com). Spaziergänger laufen am Besten ab der Manzanares-Brücke Puente del Rey hinter dem Königspalast 9 nach Süden, vorbei an der ältesten Brücke Madrids, der Puente de Segovia, und dann weiter Richtung Süden bis zum Highlight des Erholungsgebiets Parque de Arganzuela mit seinem schönen Aussichtspunkt (Mirador) mit Blick auf das Stadtzentrum.

Doch nicht nur ökologisch wurde gedacht, sondern auch sozial. Mehrere Fußgängerbrücken überspannen den Fluss und binden die Bewohner jenseits des Manzanares an die Innenstadt an.

129md Abb.: sm

Zur richtigen Zeit am richtigen Ort

Eine Reise nach Madrid lohnt immer. Selbst im brüllheißen Hochsommer, wenn die meisten Madrilenen an die Atlantikküste nach Galicien und Asturien fliehen, bietet die Stadt ein tolles Kulturprogramm und ein reduziertes Verkehrsaufkommen. Besonders empfehlenswerte Reisemonate sind wegen des milden Klimas jedoch Mai und September.

Januar

› **Silvester** – feiern die Madrilenen besonders gern auf dem Platz Puerta del Sol ❶. Das erste spanische Fernsehen sendet von hier in die Wohnzimmer des Landes. Pro Gongschlag der Uhr auf dem Postgebäude Casa de Correos isst man auf dem Platz wie daheim je eine der legendären zwölf Traubenbeeren. Wer sie bis zum zwölften Schlag herunterbekommt, so sagt man, hat Glück im kommenden Jahr. Während gegen Mitternacht die Straßen der Großstadt wie ausgestorben wirken, ist auf dem übervollen Platz die Hölle los: Knallfrösche und Sektkorken fliegen durch die Menge, man fällt sich in die Arme und beobachtet dabei das funkelnde Feuerwerk. Die meisten feiern das neue Jahr jedoch im Kreis der Familie. Die Jüngeren schwärmen erst gegen ein, zwei Uhr in die Nacht hinaus, treffen sich auf privaten Festen oder in Discos. Nach dem Morgengrauen treffen sich viele zu *churros con chocolate* (einem Spritzgebäck mit Schokolade) in einem der vielen Cafés der Stadt.

› **Cabalgata de los Reyes** – heißt der Kinderumzug zu Ehren der Heiligen Drei Könige, der sich am Abend des 5. Januar

Madrilenen in historischer Tracht bei einem Stadtteilfest

Fiesta de San Isidro – Madrids beste Fiesta

Das einwöchige Fest San Isidro rund um den 15. Mai ist das **berühmteste und größte der Stadt.** Ausgerechnet ein einsamer Bauer ist Schutzpatron der Weltstadt Madrid und kitschige Heiligenbilder zeigen ihn mit Pflug, von Engelchen geführt und von Ochsen gezogen. Der religiöse Kern der Fiesta wird heute allerdings kaum noch wahrgenommen. Der Zug mit den Giganten (überdimensionale historische Figuren, von Königin Isabella bis Don Quijote) durch die Altstadt, die Trachten und die feierlichen Reden, die traditionellen Zuckerbrezeln („rosquillas") und der kühle Gerstensaft „cebada", all das sind mittlerweile Randerscheinungen.

San Isidro ist heute vor allen Dingen ein **gigantisches Kulturspektakel,** bei dem sich die Madrilenen rund um die Uhr austoben. Ob beim Tanzen auf dem Vistillas-Gelände 16, beim Straßentheater auf den Plätzen der Stadtviertel oder beim Rockkonzert auf dem Unigelände. Von der Stadt finanzierte spanische und ausländische Bands geben ihr Bestes, es gibt Ballett, Konzerte und Opern, die wichtigsten Stierkämpfe des Jahres in der Las-Ventas-Arena 34 sowie Kunstausstellungen. Vieles ist gratis, auch die Eintrittspreise für die großen Shows sind reduziert. Das i-Tüpfelchen ist das zumeist fantastische Maiwetter: warm und nicht zu heiß. Kurz: Besonders zu dieser Zeit lohnt sich ein Madridbesuch!

› Das aktuelle **Programm** mit Terminen und Veranstaltungsorten findet man unter www.esmadrid.com/sanisidro, Hefte liegen in der Touristeninformation (s. S. 111) aus.

☐ *Figur von Don Quijote, dem Helden aus dem gleichnamigen Roman von Miguel de Cervantes, bei der Fiesta de San Isidro*

035md Abb.: tb

mit Tanz, Luftballons, Elefanten und Konfetti durch das Zentrum schleppt. Eine Gaudi nicht nur für Kinder, die wie die Erwachsenen meist erst tags darauf, am Feiertag der Heiligen Drei Könige, ihre Weihnachtsgeschenke erhalten.

- **Beginn der Opernzeit:** Von Januar bis Juli dauert die Opernzeit. Renommierte Ensembles treten im Theater der Zarzuela (Teatro de la Zarzuela, s. S. 74) auf.

Februar

- **Karneval:** Los geht es mit der Eröffnungsrede auf der Plaza Mayor 5. Es gibt Theater, Tanz, Maskerade, Flamenco und Rockmusik. Maskengruppen mit ihrer Dolzflöte, einer Art Querflöte, ziehen durch die Gassen. Höhepunkt ist die „Beerdigung der Sardine" *(entierro de la sardin)*, die den Beginn der Fastenzeit signalisiert.

März/April

- **Karwoche:** Feierliche Prozessionen am Gründonnerstag leiten im März bzw. April die *semana santa* ein. Dabei ereignen sich in Madrid weder fanatische Selbstgeißelungen bis aufs Blut wie anderswo in Spanien, noch hat sie den Stellenwert und die Tradition etwa der sevillanischen Karwoche. Immerhin datiert die älteste Laienbruderschaft „del Santísimo Cristo de la Vida Eterna" auf das Jahr 1580. Jedes Jahr findet sie sich am Ostersamstag mit anderen Prozessionen auf der Plaza Mayor 5 ein. Bereits am Gründonnerstag kann man sie in den Straßen der Habsburger Altstadt um die Plaza sehen, wenn sie von der Kathedrale San Isidro [C5] und der Kirche San Pedro el Viejo [B4] aus starten. Besonders stolz sind die Madrilenen auf die feierliche *Procesión del Santo Entierro* („Prozession zum heiligen Begräbnis") am Karfreitag in den Mauern des Klosters Descalzas Reales 4.
- **Madrid en Danza** ist ein dreiwöchiges Tanzfestival im April. Vorwiegend ausdrucksstarker, moderner Tanz und Tanztheater wird geboten, veranstaltet auf diversen Bühnen (www.madrid.org/madridendanza).

KURZ & KNAPP

Warum bloß Sardinen beerdigen?

Dass an Aschermittwoch bei aufwendigen Prozessionen Pappmaschee-Sardinen zu Grabe getragen werden, hängt mit einem Vorfall im 18. Jh. zusammen. Der spanische Hofstaat ließ kistenweise Sardinen für die anstehende Fastenzeit liefern. Doch weil es ungewöhnlich heiß war, verdarb die gesamte Lieferung und man musste die übel riechenden Fische vergraben.

Mai

- **Las Fiestas del Dos de Mayo:** Die Veranstaltungen erinnern an die Volkserhebung der Madrider Bürger gegen die französischen Besatzer am 2. Mai 1808. Sie beginnen eine Woche vor dem historischen Datum und münden in einem Fest am Abend des 2. Mai auf der Plaza del Dos de Mayo [C1]. Traditionelle Tänze und Trachten vermischen sich dort mit Lederjacken und lauten Gitarren.
- **Feria de Libros:** Die Buchmesse im Retiro-Park 26 bietet internationale Neuheiten, Lexika und Comics sowie Autogrammstunden spanischer Schriftsteller. Diese Mischung aus Volksfest und Literatur ist eine echte Attraktion für Spaziergänger und Bücherfans (www.ferialibromadrid.com).
- **Fiesta de San Isidro:** ein einwöchiges Spektakel Mitte Mai, das größte Fest in Madrids Jahreskalender (s. S. 87)

Juni/Juli

- **Photo España:** Gigantische, mehrwöchige Fotoshow mit über die ganze Stadt verteilten Ausstellungen (www.phe.es).
- **Fiesta de San Antonio de la Florida:** In der gleichnamigen Kapelle im Stadtteil Moncloa bitten Madrileninnen vom 9. bis 13. Juni den heiligen Antonio um einen möglichst adäquaten Ehemann. Dabei werfen sie Stecknadeln ins Taufbecken, halten die Hand hinein, zählen die anhaftenden Nadeln und wissen: So viele Anträge bekomme ich noch ...
- **Orgullo Gay:** Von Ende Juni bis Anfang Juli feiern Schwule und Lesben mit kunterbunten Umzügen und vielen Events. Hochburg ist das Viertel Chueca.
- **Suma Flamenca:** Flamencofestival im Juni, auch im Okt./Nov. (www.esmadrid.com/de/veranstaltungskalender/suma-flamenca)

August

- **Veranos de la Villa:** Das Sommerfest organisiert die Stadt Madrid für Gäste und Daheimgebliebene. Es gibt Theater, Zarzuela, Rock und Klassik zu günstigen Preisen. Das Festprogramm erfährt man beim Infoamt an der Plaza Mayor (s. S. 111) oder im Internet (www.veranosdelavilla.com), einzelne Veranstaltungen finden schon in den beiden Monaten zuvor statt. Bei den Madrilenen sehr beliebt ist auch das **Freiluftkino** im Parque de la Bombilla [bi] mit vielen Streifen in Originalversion (www.fescinal.es).
- **Verbenas de San Cayetano, San Lorenzo y La Paloma:** Die volkstüm-

⌃ *Feuerwerk anlässlich der Fiesta de San Isidro*

Gesetzliche Feiertage

Neben diesen landesweiten Feiertagen feiert Madrid am 15. Mai seinen **Stadtpatron San Isidro.** Die großen Läden haben an diesem Tag trotzdem auf.

- 1.1.: **año nuevo,** Neujahr
- 6.1.: **reyes magos,** Dreikönigstag
- 1.5.: **fiesta del trabajo,** Tag der Arbeit
- 25.7.: **santiago,** Fest des hl. Jakobus
- 15.8.: **asunción de la virgen,** Mariä Himmelfahrt
- 12.10.: **día de la hispanidad,** Entdeckung Amerikas
- 1.11.: **todos los santos,** Allerheiligen
- 6.12.: **día de la constitución,** Tag der Verfassung
- 8.12.: **inmaculada concepción,** Mariä Empfängnis
- 25.12.: **navidad,** Weihnachten

- Bewegliche Feiertage: **jueves santo** (Gründonnerstag) und **viernes santo** (Karfreitag).

lichsten aller Stadtteilfeste. In den schmalen Gassen Lavapiés, La Latinas und des Rastros erlebt man an den warmen Augustabenden der zweiten Woche des Monats eine luftige Fiesta im Freien. Prolog der Verbena ist die Wahl der *Maja,* der schönsten Frau von Lavapiés in dem Gebäude Corrala de Mesón de Paredes in der gleichnamigen Straße. Das Straßenfest zieht sich von Tag zu Tag von der Plaza de Cascorro [C5] über die Straßen Argumosa und Santa Isabel in San Lorenzo bis hin zum Garten Las Vistillas [A5] am Platz Gabriel Miró. Auf den Festen sieht man mit Sicherheit Paare, die zum kitschigen Schlager „Madrid, Madrid, Madrid" von Agustin Lara einen Chotis tanzen.

KURZ & KNAPP

Chotis

Der Paartanz erinnert leicht an eine polnische Mazurka und kam in Madrid im 19. Jh. in Mode. Das Wort stammt vom deutschen Ausdruck „schottisch".

September/Oktober

- **Festival de Otoño:** Beim Herbstfest treten berühmte internationale Tanz-, Musik-, Ballett- und Theaterensembles auf (www.madrid.org/fo).

November

- Am 9. November feiert Madrid mit Umzügen und Kulturevents **Almudena** – zu Ehren der Schutzheiligen der Stadt.
- **Festival International de Jazz:** Wichtige Jazzmusiker geben Madrid die Ehre (www.festivaldejazzmadrid.com).

Dezember

- Ein großer **Weihnachtsmarkt** wird jedes Jahr im Dezember auf der Plaza Mayor 5 organisiert. Weihnachtliche Stimmung zwischen Tannenzweigen, bunten Christbaumkugeln und Plastikspielzeug ist garantiert.
- Am **24. Dezember** feiert man Heiligabend eher ausgelassen mit Tanz und Musik. Bescherung und Besinnlichkeit gibt es erst am Dreikönigstag.
- Die **klassische Ballettzeit** dauert von Dezember bis Januar. Über das aktuelle Programm informiert das Tourismusamt an der Plaza Mayor (s. S. 111).

Die kurios geschwungene Arganzuela-Brücke im Erholungsgebiet Madrid Rio (s. S. 85)

MADRID VERSTEHEN

091md Abb.: tb

Madrid ist eine Spätzünderin. Sie ist erst wenige Hundert Jahre alt und keine Metropole, deren Name sogleich Emotionen wachruft, wie es bei Havanna, Lissabon oder Rom der Fall sein mag. Sie biedert sich nicht an, will entdeckt werden und ist gerade deshalb eine wunderbare Herausforderung für Neugierige. Wer einmal hier war, kommt gerne wieder, sei es wegen des kosmopolitischen Flairs, des reichen Kulturangebots oder auch nur wegen der fantastischen Terrassenbars …

Madrid – ein Porträt

Kein Meer, na und?

Blanca Portillo ist eine der Vorzeige-Madrileninnen und als Schauspielerin erfolgreich, z. B. in Almodóvars Film „Los abrazos rotos". Bei einem ihrer öffentlichen Auftritte rief sie vor einer Weile einer begeisterten Menge entgegen: „Madrid hat kein Meer und ist immer chaotisch. Na und?"

Tatsächlich liegt Spaniens Hauptstadt einsam mitten in Kastilien, weitab vom Atlantik und vom Mittelmeer. Auch ist sie weit weniger berühmt als manch andere europäische Hauptstadt, kann aber in Sachen Chaos locker mithalten. Und genau das macht sie aus. Die Stadt ist ein **ungeheuer lebendiger Pool aus stadteigenen Typen und regionalen Traditionen.** Museen von Welt hat sie, bühnenreife Plätze und einen atemberaubenden Rhythmus. Obendrein geht man in Sachen Verkehrsberuhigung mit Siebenmeilenstiefeln voran.

033md Abb.: tb

Zwischen Kunstrausch und Traditionen

Mit dem Prado-Museum 23, dem Villahermosa-Palast mit seiner Thyssen-Sammlung 22 und dem Zentrum Reina Sofía für moderne Kunst 20 liegt ein regelrechtes **Kunstdreieck am Paseo del Prado.** Madrid weist damit eine Gemäldesammlung auf, die sich mit jeder europäischen Stadt messen kann. Wer heute als Maler, Musiker, Schauspieler, Tänzer oder auch Stierkämpfer in Spanien etwas werden will, kommt an Madrid nicht mehr vorbei. Barcelona, lange Zeit unschlagbare **Hochburg in Sachen Kultur,** hat damit eine ernsthafte Konkurrentin bekommen. Von dort aus würde man

Schauspielerin Blanca Portillo verkündet trotzig: „Madrid hat kein Meer. Na und?"

132md Abb.: ©kasto, stock.adobe.com

in Madrid gerne noch die verschlafene, vertrocknete, zentralistisch-autoritäre Bürokratenstadt aus vergangenen Zeiten sehen. Stattdessen wird in Madrid experimentiert, ausprobiert und provoziert.

Nach Francos Tod kam Ende der 1970er-Jahre Schwung in die madrilenische Kulturszene. Von Stockholm über London bis Neapel kürte man die Stadt zum **Mekka der Jugend**, weil eine Gruppe junger Leute plötzlich begann, spanische Kultur respektlos, provokant, urban und kreativ mit eigenen Akzenten durch den Wolf zu drehen. Einige von ihnen sind berühmt geworden, darunter die Rockgruppe Alaska y Dinarrama, der Maler Miguel Barceló, der Modemacher Adolfo Dominguez und der Regisseur Pedro Almodóvar. Der wirkliche Star dieser sogenannten **„movida madrileña“** war aber ausgerechnet ein Bürgermeister Jahrgang 1917: Der Sozialist, Professor und Politiker **Enrique Tierno Galván.** Öffentliche Bekanntmachungen schrieb er in Form von *bandos* oft so humorvoll, dass die Stadt sich schmunzelnd um Litfaßsäulen versammelte. Auf einer offiziellen Versammlung beendete er seine gewichtige Ansprache vor erlauchtem Publikum einmal mit den Worten: „So, jetzt gehen wir alle nach Hause und rauchen einen Joint“. Er gab der Stadt ein liberales Antlitz und als er 1986 starb, wurde mit ihm auch die Movida zu Grabe getragen.

Als Bezeichnung für eine ausschweifende, bewegte Nacht lebt sie allerdings fort. Und wie: Wer sich in **Madrids berühmtes Nachtleben** stürzt, merkt, dass die Stadt besonders am Wochenende niemals schläft (s. S. 68). An einem Samstag- oder

⊡ *Blick auf die zentrale Lebensader der Stadt, die Gran Via (s. S. 26)*

Sonntagmorgen um sieben Uhr findet man die Gäste im Café nicht etwa beim Frühstück, sondern beim letzten Happen einer durchgefeierten Nacht. Stolz sind die Madrilenen auf ihr *viva la noche*. Statistiker unter ihnen behaupten, allein im Stadtviertel Huertas gebe es mehr Bars und Kneipen als in ganz Schweden.

2020 traf die **Covid-Pandemie** Spanien und Madrid hart und brachte natürlich auch das legendäre Nachtleben vorübergehend zum Erliegen. Der monatelang anhaltende Lockdown verlangte den Stadtbewohnern viel ab, doch ein Madrilene lässt sich so schnell nicht unterkriegen. Um die Abstandsregeln einzuhalten, wurden viele **Terrassenbars** eingerichtet – und blieben: Heute hat Madrid so viele davon wie keine andere Stadt in Spanien.

Alte Traditionen und Gebräuche sind bei dem rasanten gesellschaftlichen Wandel unter die Räder gekommen: Zum Beispiel die urwüchsigen Madrider Literatencafés. Sie hatten ihre Helden und ihre Spitzel. In Madrid wetterte der Philosoph Miguel de Unamuno im „Levante" gegen die Monarchie der 1920er-Jahre, man traf sich im „Pombo", später im „La Granja". Noch erhalten ist neben dem nostalgischen „Comercial" in Malasaña das über 130 Jahre alte Café Gijón (s. S. 61), das schon Gäste wie Luis Buñuel und García Lorca hatte.

Zuckerguss-Architektur am Madrider Palacio de Cibeles (s. S. 35)

Alte Paläste, junges Design

Madrid hat eindeutig einen **Hang zum Monumentalen.** Seit Felipe II. das damalige Dorf 1561 zur Hauptstadt erklärte, sind gewaltige Paläste entstanden. Selbst die älteste Architektur der Stadt ist für europäische Verhältnisse noch relativ jung. Romanische oder gotische Bauwerke findet man kaum und eine große, mittelalterliche Kathedrale wie in Toledo sucht man vergebens. Die Hauptstadt des traditionell katholischen Landes trumpft eher mit Palästen als mit Gotteshäusern auf. Heute residiert die spanische Staatsbank Banco de España an der Plaza de Cibeles 21 in einer dieser pompös-gewaltigen Anlagen. Schräg gegenüber ist das Rathaus ein aufwendig verschnörkelter Tempel wie aus Zuckerguss.

Von der Plaza aus nach Norden schließlich gelangt man zum sechsspurigen, kilometerlangen Paseo de la Castellana [cf/ch], an dem sich der Hochhauskomplex **Cuatro Torres Business Area** [cf] befindet, der die landesweit höchsten Gebäude vereint. Diese städtebauliche Demonstration hat Gründe. Spanien hat in den letzten Jahrzehnten viel in bauliche Prestigeobjekte investiert, vom

034md Abb.: tb

futuristischen Guggenheim-Museum in Bilbao über die Hightech-Wissenschaftsstadt in Valencia bis hin zur himmelstürmenden Brücke Santiago Calatravas in Sevilla. Da darf die Hauptstadt natürlich nicht hinten anstehen.

So ist auch das Prado-Museum um den Kreuzgang eines daneben liegenden Klosters erweitert worden. Das Kunstzentrum Reina Sofía 20 zeigt sich geräumiger und noch moderner. Calatrava entwarf Madrids Kongresspalast und vor allem **Stararchitekt Rafael Moneo** hat das Stadtbild bereichert: mit dem Museum Reina Sofía ebenso wie mit dem Atocha-Bahnhof 27, der in seiner gusseisernen Jugendstilhalle die Reisenden mit einem tropischen Palmengarten begrüßt.

Andererseits zeigt schon ein Blick auf den Stadtplan: Längst nicht alles ist gewaltig. Die Millionenmetropole erstreckt sich zwar weit in die Peripherie, das **Zentrum** um den alten Stadtkern herum aber ist **verhältnismäßig klein und überschaubar.** Die Altstadt mit ihren verwinkelten, engen Straßen erkennt man auf jedem Plan auf den ersten Blick: Sie zieht sich vom Königspalast 9 bis zum Retiro-Park 26 im Osten, von den Straßenzügen Ronda de Segovia [A6], Ronda de Toledo [C6], Ronda de Atocha [E6] im Süden bis zu den nördlichen Straßen Alberto Aguilera, Calle de Sagasta [D/E1] und Calle de Génova [F1].

Manche Viertel haben ihr Flair bewahrt: Die schrägen Fensterluken in **Lavapiés**, den Messerschleifer in **La Latina** oder die bunt gekachelte Apotheke in **Malasaña** sieht man noch immer. Im Maurenviertel La Latina muss man arabische Fensterbögen aber mittlerweile mit der Lupe suchen und an die längst verfallene Architektur erinnern meist nur noch die bemalten Straßenkacheln.

Madrids Giganten dominieren das nördliche Stadtbild

Tele Royal – der spanische Königshof

Als 2015 die ersten 1- und 2-Euro-Münzen mit dem Gesicht des neuen Königs Felipe in Umlauf kamen, bunkerten die Untertanen einige der neuen Geldstücke als Andenken für ihre Nachfahren. 38 Jahre lang hatten sie mit dem Gesicht von König Juan Carlos bezahlt – an der Theke ihre Cerveza und an der Straße den Parkschein. Doch dann, am 19. Juni 2014, bestieg Sohn Felipe mit der ehemals bürgerlichen Letizia den Thron von Spanien. Don Felipe Juan Pablo Alfonso de Todos los Santos von Bourbon und Griechenland, Prinz von Girona und Viana, Fürst von Montblanc ... (der Name ging noch weiter) heißt seither nur noch König Felipe VI. Was so sachlich und formal klingt, war in Wirklichkeit aber ein Drama!

Juan Carlos wollte nicht gehen, trotz künstlicher Hüfte, trotz der Gerüchte um uneheliche Kinder, Affären mit diversen Adeligen und trotz eines Skandals um auf Safari getötete Elefanten in Afrika. Über den 1938 in Rom geborenen Mann witzelte spätestens seit Beginn der Wirtschaftskrise 2006 die halbe Nation. Selbst eingefleischte Monarchisten diskutierten über Ausgaben am Hof für Friseure und Chauffeure, Festgelage und neues Besteck.

Seine Majestät war so genervt, dass er 2011 im Internet sein Gehalt veröffentlichen ließ und bewies: Im europäischen Vergleich war der Royal fast schon arm. 8,43 Millionen Euro stehen Spaniens Königshof im Jahr zu. 229.752 Euro davon genehmigt sich der König für private und repräsentative Zwecke. Auch bei Felipe VI. ist das heute so.

Wegen Juan Carlos' Gebaren lehnte Umfragen zufolge jeder zweite Spanier die Monarchie ab. Juan Carlos wusste: Das war sein Ende. Nur Sohn Felipe konnte den Hof noch retten.

Dabei hatte alles so gut begonnen für den Papa: Als Juan Carlos 1975 das Erbe von Diktator Franco antrat und König wurde, lag ihm schon kurz darauf die Nation zu Füßen, spätestens aber seit er 1981 rechtsgerichtete Putschisten und Militärs zur Raison brachte. Der König fuhr Harley Davidson,

Das Madrid der Habsburger und Bourbonen

Mitten in den alten Stadtteilen liegt die Puerta del Sol 1, Zentrum nicht nur der Stadt, sondern des ganzen Landes. Hier, vom Kilometerstein Null aus, werden die Straßen des Landes gemessen. Einen Steinwurf davon entfernt liegt das **Madrid der Habsburger** mit seiner berühmten Plaza Mayor 5. Die Architekten Gomez de Mora und Juan Bautista Crescendi haben noch weitere groß angelegte Bauten entworfen, darunter das ehemalige Rathaus an der Calle Mayor und das Kloster Encarnación 13.

Wer sich für **barocke Architektur** interessiert, findet in Madrid das Historische Museum 29 in der Calle Fuencarral oder die Brücke von Toledo [bk]. Das **klassizistische Madrid der Bourbonen** repräsentieren der Königspalast 9 und das Prado-Museum 23, der Palast Villahermosa 22 und der sorgfältig angelegte Botanische Garten 25. Viele der Bauten dieser Zeit säumen den breit angelegten Paseo del Prado [F3–5], der von einer streng überlegten Städte-

hatte die bildschöne Griechin Sofía zur Frau, verhandelte mit Wirtschaftsbossen in aller Welt und war unantastbar. Sogar ein paar Katalanen mochten ihn, weil er beim Besuch in Barcelona schon mal ein paar Worte in der Regionalsprache sagte.

Sohn Felipe ist da ganz anders. Der 1,97 Meter große Mann gilt als wohlerzogen, höflich, aber auch etwas einfältig. Heimliche Affären wie sein Vater? Undenkbar! Das provokanteste, was sich der heute regierende König jemals geleistet hat, war eine Liebesbeziehung zu dem norwegischen Unterwäsche-Model Eva Sannum. Die hielt nicht lange, denn Vater Juan Carlos sprach ein Machtwort. Doch die Verbindung mit Letizia konnte der Alte nicht mehr verhindern. Die hochintelligente TV-Journalistin aus Asturien hatte Felipe während eines Interviews kennengelernt. Ein Freund soll anschließend ein heimliches Treffen der beiden organisiert haben.

Die Hochzeit in der Almudena-Kathedrale 11 von Madrid im Mai 2004 war für die Hofexperten der ARD der größte Kracher seit der Vermählung von Charles und Diana: Monarch heiratet „muchacha". Sie gingen zehn Jahre lang als Prinzenpaar durch die Gazetten. Sahen zu, wie Mitglieder der Königsfamilie wegen Betrugs vor den Kadi kamen und Spaniens Satirezeitschrift Jueves Papa Carlos zusehends seniler darstellte.

Letizia war für die Schwiegereltern Carlos und Sofía zunächst die da aus der „Caja Tonta" (Glotze). Spaniens heutige Königin war in ihren Jahren als Journalistin nicht nur erfolgreich, sie hatte sich auch von ihrem ehemaligen Uni-Professor scheiden lassen. Verstehen Sie? Die heutige Königin hat schon mal mit einem anderen Mann geschlafen!

Juan Carlos hatte die Zeichen der Zeit nicht erkannt bzw. einfach verschlafen, wann man besser gehen sollte. Felipe ist noch nicht so lange König wie Juan Carlos. Doch bleibt er so lange wie sein Vater, nämlich 38 Jahre, in Regentschaft, dann wäre er längst über 100!

planung unter Carlos III. zeugt. Ein weiteres Beispiel für diese Bauweise befindet sich im Mittelpunkt der Puerta del Sol 1: die ehemalige Post, vor der sich zum Jahreswechsel die halbe Stadt zu einem vital-funkelnden Silvesterfest versammelt. Heute residiert hier der Vorsitz der Autonomen Gemeinschaft Madrid (eine der 17 Regionen Spaniens).

Daten, Zahlen, Fakten

Madrid ist die **Hauptstadt des Königreichs Spanien.** Sie liegt auf dem Breitengrad 40,25 (wie Istanbul) und dabei **650 m über dem Meeresspiegel**, was für eine europäische Hauptstadt ungewöhnlich hoch ist. Gegründet wurde sie im 9. Jahrhundert als kleiner Vorposten.

Zu den **Städtepartnern** gehören neben Berlin, Paris, Rom, Brüssel, Tripolis und Abu Dhabi sämtliche Hauptstädte Lateinamerikas. Mit etwa **3,34 Millionen Einwohnern** (die Vororte nicht einberechnet) ist Madrid etwas größer als Rom (2,8 Mio.) und beinahe so groß wie Berlin (3,6 Mio.).

Von den Anfängen bis zur Gegenwart

Madrid ist für eine europäische Hauptstadt ungewöhnlich jung. Noch Mitte des 9. Jahrhunderts standen hier gerade einmal ein paar Häuser und am Fluss Manzanares dösten Bauern und Hirten in der Mittagshitze. Jahrhundertelang passierte nicht besonders viel, doch dann erhob Felipe II. das zentral gelegene Kaff plötzlich zur Hauptstadt Spaniens. Die eifersüchtigen Stadtoberen im nahen Toledo schüttelten vor Entsetzen den Kopf. Madrid hat seither viel erlebt: französische Besatzer, neue Gaslaternen, bestechliche Franco-Beamte, geniale Künstler und schließlich ein durch und durch modernes Image. Die Metropole ist heute in wie nie zuvor.

845: Emir Mohamed I. gründet die befestigte maurische Siedlung Mayrit, „Ort der vielen Wasser“. Hieraus wird später der Name Madrid. Der kleine Vorposten soll Toledo und Al Andalus (Andalusien) schützen, das schon seit 711 unter arabischer Kontrolle ist. Im Norden der Iberischen Halbinsel formiert sich der christliche Widerstand gegen die Eroberer. Mayrit erhält die Festungsanlage Almudena, in deren Schatten Fleisch, Gemüse und Töpfe verkauft werden.

1083: Im Süden zerfällt das Kalifat von Córdoba in Teilreiche, während sich vor allem im nördlichen Asturien die christlichen Heerscharen auf die Reconquista vorbereiten. Zusätzliche Motivation erhalten sie durch den florierenden Jakobsweg nach Santiago de Compostela. Alfonso VI. nimmt 1083 den maurischen Stützpunkt Mayrit ein und lässt die arabische Festung schleifen. Zwischen den Steinen, so die Legende, findet man eine hölzerne Marienstatue, die beim Siegen geholfen haben soll. Sie bekommt den Namen der einstigen Burg, Almudena, und ist seither Madrids Schutzheilige. Nach ihr ist auch Madrids Kathedrale **11** benannt.

1212: Maurische und jüdische Händler siedeln sich südlich der Straße Calle

127md

de Segovia [A/B4] in der Morería an. Die Stadt bildet auch Soldaten im Krieg gegen die Araber aus. Madrids Miliz dringt als Teil des geeinten Christenheeres bis in die andalusische Tiefebene vor. In der Schlacht von Jaén soll sie ein bescheidener Pastor begleitet haben, der sich später in den Schutzpatron der Stadt verwandelt: San Isidro. Ihm zu Ehren findet im Mai Madrids größtes Stadtfest statt (s. S. 87).

1492: Kolumbus entdeckt Amerika, die Christen erobern die letzte Maurenbastion Granada, die Juden werden vertrieben. Spaniens Herrscher Isabella von Kastilien und Fernando von Aragón machen Spanien zu einem Land, in dem die Inquisitionsrichter sehr großen Einfluss haben.

1560: Der Habsburger Felipe II. verlegt den Königshof von Toledo nach Madrid, wo zu diesem Zeitpunkt kaum 20.000 Menschen leben. Der Retiro-Park entsteht und Felipes Lieblingsarchitekt Juan de Herrera beginnt mit dem Bau der Plaza Mayor. Kirchen und Klöster schießen wie Pilze aus dem Boden und nehmen 100 Jahre später bereits ein Drittel der Stadtfläche ein.

1605: Der erste Teil des Schelmenromans „Don Quijote" von Miguel de Cervantes wird gedruckt. Cervantes wohnt im heutigen Stadtviertel Huertas ganz in der Nähe des Dramatikers Lope de Vega, dessen humorvolle Bühnenstücke die umliegenden Innenhöfe beleben. Der „Quijote" gehört zu den meistverkauften Büchern der Welt und wurde seit 1926 Dutzende Male verfilmt, u. a. 2008 mit Christoph Maria Herbst.

Historische Aufnahme aus dem Postamt im Palacio de Cibeles (s. S. 35)

KURZ & KNAPP

Reconquista

So bezeichnen die Spanier die Zeit des **Kampfes der christlichen Bevölkerung Spaniens gegen die maurische Herrschaft** auf der Iberischen Halbinsel. Dieser endete mit der erfolgreichen Einnahme Granadas im Jahr 1492 durch christliche Truppen.

17. Jh.: Insgesamt bringt das „Goldene Jahrhundert" eine Blütezeit der Literatur und der Malerei. Mit den Beuteschätzen aus Lateinamerika werden in Madrid viele Bauten und neue Plätze finanziert.

18. Jh.: Nach dem Tod von Carlos II. als letztem spanischen Habsburger kommt es zum Spanischen Erbfolgekrieg (1701–1714), bei dem sich die Bourbonen durchsetzen. Inzwischen hat Spanien alle Besitztümer in Europa verloren, während Holländer, Engländer und Franzosen immer mehr Länder Lateinamerikas unter ihre Herrschaft bringen.

In Madrid bekommen Verwaltung und Recht ein französisches Muster. Als an Weihnachten 1743 das Schloss abbrennt, entsteht an selber Stelle einer der gewaltigsten Königspaläste der Welt. Der neue König Carlos III. gilt der Nachwelt als „bester Bürgermeister Madrids". Mit dem Warnruf *agua va* („Wasser kommt") haben die Bewohner bislang ihre Exkremente aus dem Fenster auf die Straßen gekippt. Der Bourbone Carlos sorgt für Kanalisation, lässt Straßenpflaster legen, Straßenbeleuchtung mit Öllampen errichten und mittels Nachtwächter für mehr Sicherheit sorgen. Viele öffentliche Bauwerke entstehen, darunter der Prado und die Königlichen Akademien der Wissenschaften. Nur mit der Stadtbevölkerung hadert der rationale Herrscher. Seinen Minister Esquilache stört sogar, dass die Bewohner breitlappige Hüte statt französischen Dreispitz tragen. Als er die Polizei mit großen Scheren ausstattet, um den *machos* die Hüte zu zerschneiden, kommt es 1766 zum Volksaufstand. Esquilache muss gehen.

1808: Als Napoleon die Königsfamilie vertreibt und nach der blutigen Besetzung Madrids seinen Bruder Joseph als Spaniens neuen Regenten einsetzt, lässt dieser viele Klöster abreißen und neue Plätze anlegen (Plaza de Oriente, Santa Barbara, Santa Ana). Die Bewohner verspotten ihn derweil mit Versen auf seine Trinkfreudigkeit: *Pepe, Pepe, vete al despacho. No puedo ahora, estoy borracho.* („Pepe, Pepe, komm ins Kabuff. Ich kann jetzt nicht, ich bin im Suff").

19. Jh.: Nach Aufständen der Madrilenen gegen die napoleonischen Besatzer übernimmt der absolutistische Herrscher Fernando VII. 1814 die Macht. Das Stadtleben in Madrid wird zunehmend politischer. Während die einen für eine liberale Verfassung kämpfen, halten die anderen am Konzept des Absolutismus fest. In den Tavernen wird heftig diskutiert, die Puerta del Sol wird zum Schauplatz von Revolution und Konterrevolution und in der Literatur blüht die Romantik des Perez Galdós und Larra. Die Stadt bekommt Mitte des Jahrhunderts eine Kanalisation, Gasbeleuchtung und Eisenbahnverbindungen. 1873 wird die Erste Republik ausgerufen, doch schon im Jahr darauf wird Spanien mithilfe des Militärs wieder eine Monarchie.

1898: Spanien verliert die letzten drei Kolonien Puerto Rico, Kuba und die Philippinen. Aus der Depression und dem verletzten Nationalstolz entsteht die Intellektuellengruppe „Generación del 98", deren herausragende Persönlichkeit der Philosoph Miguel de Unamuno ist.

1923: Die Einwohnerzahl in Madrid ist inzwischen auf 500.000 angestiegen, mit der Gran Vía [C–E3] gibt es eine erste Prachtstraße (seit 1910) und nach massiven sozialen Unruhen kommt es 1923 mit Billigung des Königs zum Staatsstreich des Generals Primo de Rivera. Nach acht Jahren fällt die Diktatur, auch aufgrund der Weltwirtschaftskrise. Alfonso XIII. geht ins Exil.

1931–1936: Die Zweite Republik wird durch den Wahlsieg der bürgerlichen Linksparteien eingeleitet, die gegen den Widerstand von Großbürgertum, Finanzoligarchie und Kirche eine demokratisch-regionalistische und weltliche Republik durchsetzen wollen. Die neue Verfassung Spaniens orientiert sich teilweise am Weimarer Modell, garantiert bürgerliche Freiheiten und Dezentralisierung. Doch nach dem Wahlsieg der Konservativen werden insbesondere die Land- und Schulreform 1933 wieder rückgängig gemacht. Die Lage spitzt sich zu.

1936–1939: Als die Rechtsparteien 1936 durch die linke Volksfrontregierung abgelöst werden, ist längst ein Putsch in Planung. Am 18. Juli 1936 erhebt sich der rechte Flügel des Militärs unter der Führung der Generale Franco, Mola und Sanjurjo. Der dreijährige Spanische Bürgerkrieg beginnt, den Franco mit Unterstützung der faschistischen Bewegung Falange, der Kirche, der Großgrundbesitzer sowie der Truppen Mussolinis und Hitlers gewinnt. Über 600.000 Tote fordert der auf beiden Seiten mit brutaler Härte geführte Krieg. Die demokratischen Regierungen Europas kommen den Republikanern nicht zur Hilfe, dafür aber die Internationalen Brigaden mit Persönlichkeiten wie Hemingway und Orwell. Madrid ist das Zentrum des Widerstands und der Slogan lautet: *no pasarán* – „Sie kommen nicht durch". Nach harten Kämpfen muss sich Madrid schließlich am 28. März 1939 geschlagen geben.

1939–1975: Unter Franco grassiert die Bodenspekulation, der einige historische Bauten zum Opfer fallen. Madrids Umland wird verstädtert, uniforme Hochhauskomplexe und sterile Fertighausanlagen breiten sich aus. Allein von 1960 bis Mitte der 1970er-Jahre kommen rund eine Million Zuwanderer in die Hauptstadt. Elendsviertel mit ihren *chabolas,* den schnell hochgezogenen Hütten aus Kistenbrettern und Wellblech, umgeben Bahnlinien und Zufahrtsstraßen. Doch mit dem florierenden Tourismus und den Geldsendungen spanischer Gastarbeiter aus Frankreich, der Schweiz und der Bundesrepublik erholt sich die Wirtschaft allmählich. Die Diktatur setzt auf Pressezensur, Parteienverbot und Todesstrafe. Im Baskenland formiert sich die ETA. Sie ermordet 1973 in Madrid Regierungschef Carrero Blanco, der die Linie Francos weiterführen sollte, mit einer ferngezündeten Dynamitbombe. Zwei Jahre später stirbt Franco am 20. November 1975 im Alter von 82 Jahren eines natürlichen Todes. König Juan Carlos, Enkel Alfons XIII., wird neuer Staatschef.

1978: Nach Francos Tod verläuft der Übergang von der Diktatur zur Demokratie erstaunlich friedlich. Spanien bekommt 1978 eine neue Verfassung, die mit behutsamen Formulierungen besonders die Probleme in Bezug auf Religion und Regionalismus zu lösen versucht. Die Dezentralisierung wird durch Einsetzung von 17 autonomen Regionen begünstigt, Angelegenheiten der Landespolitik werden aber nach wie vor weitgehend in Madrid entschieden. Der Katholizismus verliert seine Rolle als Staatsreligion (wobei nach wie vor über 90 % aller Spanier katholisch sind), die Todesstrafe wird abgeschafft. Die neue Verfassung garantiert volle bürgerliche Grundrechte sowie religiöse und ideologische Freiheit.

1981: Am 23. Februar kommt es zu einem dilettantischen Putschversuch einiger Militärs, die zwar das Madrider Parlament stürmen, doch schon bald vom spanischen König zur Räson gebracht werden.

1992: Zum 500. Jahrestag der Entdeckung Amerikas wird Madrid Kulturhauptstadt Europas. Der Hochgeschwindigkeitszug AVE nimmt Fahrt auf und die wertvolle Sammlung der Barone Thyssen-Bornemisza bekommt ein eigenes Museum am Paseo del Prado (siehe 22).

2001: Der Fußballverein Real Madrid verkauft der Stadt sein 148.000 m² großes Trainingsgelände für 425 Mio. € und ist damit auf einen Schlag all seine Schulden los. Kritiker sprechen von verdeckter Subvention. Auf einem Teil des Geländes an der Castellana entstehen vier Hochhäuser mit einer Höhe von fast 250 m, die acht Jahre später fertiggestellt sind.

2004: Am 11. März kommen bei einem terroristischen Bombenanschlag auf Madrids Vorortzüge fast 200 Menschen ums Leben, über 2000 werden verletzt. Die Stadt steht unter Schock.

Im Mai desselben Jahres heiratet der damalige Prinz Felipe die Fernsehjournalistin Letizia Ortiz.

2007: Der Anbau des Prado, erdacht von Stararchitekt Rafael Moneo, wird eröffnet.

2011: Ende Mai belagern Jugendliche aus Protest gegen die hohe Arbeitslosigkeit tagelang den zentralen Platz Puerta del Sol 1. Daraus entsteht die linke Partei Podemos, die wenig später Koalitionspartner des Regierungschefs Pedro Sánchez (PSOE) wird.

2014: Juan Carlos I. dankt ab. Seit dem 19. Juni sind Felipe VI. und Letizia Spaniens neues Königspaar.

2020: Die Coronapandemie trifft Madrid besonders hart. Allein in den ersten Monaten sterben über 25.000 Menschen.

Der zentrale Platz Puerta del Sol 1 und die abgehenden Straßen werden in eine Fußgängerzone umgewandelt.

2022: Für den innerstädtischen Bereich gilt eine Umweltzone, was de facto bedeutet, dass ältere Fahrzeuge nicht mehr in die

City fahren dürfen. Bis 2025 soll diese Zone auf das gesamte Stadtgebiet ausgedehnt werden.

2028: Das gigantische Bauprojekt Madrid Nuevo Norte soll weitgehend fertiggestellt sein. Auf 800.000 Quadratmetern zwischen dem Nordbahnhof Chamartín und der Autobahn M 30 umfasst es acht Bürotürme, viele Grünflächen und über 2500 Wohnungen. Der Bahnhof ist dann Anlaufstelle für 18 Hochgeschwindigkeitszüge.

Real Madrid – königlich, galaktisch, weißes Ballett

Für 100 Millionen Euro und mehr einen Spieler kaufen? Heute kein Problem mehr. Man braucht nur einen steinreichen Baulöwen als Präsidenten und die besten Werbefachleute, dann rechnet sich das. Im Gründungsjahr 1902 konnten die Kicker des „Madrid Foot Ball Club" von derartigen Gagen jedoch nur zu träumen wagen. Fußball war ihr Nebenjob, das Honorar ein Hungerlohn. Nach frühen Erfolgen mit dem mehrfachen Gewinn der Copa del Rey lief der Ball nicht mehr rund: Es dauerte drei Jahrzehnte, bis erstmals die Spanische Meisterschaft gewonnen wurde. Der Club hieß nun „Real" (königlich), verpflichtete die **Stars Alfredo di Stefano, Ferenc Puskás und Raymond Kopa** und glänzte 1960 als „weißes Ballett" in einem Spiel, das als eine der besten Vereinsbegegnungen aller Zeiten gilt: Das Finale des Europapokals der Landesmeister gewann Real gegen Eintracht Frankfurt mit 7:3.

Doch so brillant die Stürmer auch dribbelten und trafen, das **Image** wurde nicht besser. Denn die Kicker galten über viele Jahre hinweg **als verlängerter Arm Francos.** Jede Niederlage gegen Barcelona interpretierte man als Sieg über Zentralismus und Diktatur. Der Diktator starb schließlich, der Anspruch stieg, die Gagen ebenfalls. Nur das Image blieb durchwachsen. Real hat viel gewonnen seither, die Liga (35-mal), die Champions League bzw. den Europapokal der Landesmeister (14-mal), den UEFA-Cup (2-mal). Man engagierte namhafte Spieler wie Günter Netzer, Paul Breitner, Bernd Schuster, David Beckham und Zinédine Zidane.

Der Verein leistet sich einen eigenen Fernsehkanal, gigantische Sportanlagen, den „Hexenkessel" Bernabéu-Stadion 33 und gerne mal den ein oder anderen Weltfußballer des Jahres. Doch auch all diese Bemühungen können die **kritischen Fans und Medien** nicht immer zufriedenstellen. Verliert Real im eigenen Stadion, dann gilt das als Schande, ein gellendes Pfeiforchester bricht aus und die allmächtige Sportzeitung „Marca" schlägt wieder weinerlich und wütend zu: „Die Clubführung hat in den letzten Jahren Millionen für mittelmäßige Spieler zum Fenster herausgeworfen!"

Eines muss man Real aber lassen: Sie investieren auch schon mal Geld für gute Spieler. 2009 kauften sie für die damalige **Rekordtransfersumme von 94 Millionen Euro** Manchester United den Portugiesen Cristiano Ronaldo ab. Eine Zeitung rechnete damals aus, wie viele Real-Fans ein Jahr lang ihren Mindestlohn kassieren müssten, um diese Summe zu stemmen: Es wären ganze 10.724. Die Investition hat sich gelohnt, denn 2017 gelang es Real u. a. dank Ronaldo als erstem Club, den Champions-League-Titel zu verteidigen. Und als der Superstar zu Juventus Turin weiterzog, konnte man den Transfererlös noch erhöhen!

036md Abb.: tb

Leben in der Stadt

„Die Madrider Bevölkerung“, schrieb der Stadtchronist Mesonero Romanos im 19. Jahrhundert, „ist in der Regel lebendig, brillant, satirisch. Sie ist gesellig und hat eine bemerkenswerte Leidenschaft für die Mode. Sie hat eine Schwäche für alles Fremde und eine gewisse Abneigung gegen das Eigentum.“

Latinos, Andalusier, sogar echte Madrilenen

Madrid ist ein Sammelsurium an Gesichtern und Lebensläufen. Viele scheinbar Fremde wohnen schon lange hier. Spanier, die sich seit den 1950er-Jahren bis in die 1970er-Jahre hinein aus Andalusien, der Extremadura und der Mancha aufmachten, haben **ihre Eigenarten, Sprachakzente und Bräuche in die Hauptstadt mitgebracht.**

Gleichzeitig wurde Spanien ein **wichtiges Exilland** für verfolgte Intellektuelle, Regisseure und Schriftsteller aus Lateinamerika und Madrid gilt für Süd- und Mittelamerikaner nach wie vor als **„Tor nach Europa“.** Gerade die **Latinos** haben das musikalische Spektrum der Stadt sehr bereichert, ob mit Rumba aus Kuba oder Tango aus Argentinien. Auch viele Chinesen leben inzwischen hier, vor allem Kleinhändler mit großen Familien, die in den Altstadtvierteln Lavapiés und am Rastro jede Menge Läden errichtet haben.

Und die Madrilenen selbst? Den *madrileño castizo,* die **echte, urwüchsige Volkstype,** gibt es kaum noch, er taucht höchstens bei den Volksfesten auf, wo die alten Trachten und Tänze wieder hervorgeholt werden. Die *Majos* („Netten“) und *Chulos* („Kessen“), wie man sie nannte, lebten in den Altstadtvierteln Malasaña, Rastro, La Latina und den Innenhöfen *(Corralas)* von Lavapiés. Es waren einfallsrei-

Die Stadtviertelfeste begeistern viele Madrilenen

che, leicht aufbrausende und selbstsichere Menschen, die sich noch gegen raffsüchtige Spekulanten und brutale Polizisten Francos erfolgreich zur Wehr setzten.

Die Zeiten mögen vorbei sein, die Bewohner bunt gemischt, doch das hat einen Vorteil: Weil die wenigsten Madrilenen seit Generationen Madrilenen sind, fühlen sich die neuen Madrilenen schon nach kurzer Eingewöhnungszeit kaum noch als Fremde. Und auch die **Klischees** über die Bewohner sind dadurch **weniger stark ausgeprägt.** Von den Galiciern sagen viele, sie seien eigenbrötlerisch, latent stur und schon mit einem Regenschirm auf die Welt gekommen (wegen der häufigen Niederschläge). Die Katalanen rund um Barcelona gelten als geschäftstüchtig, hochnäsig und selbstverliebt. Andalusier wiederum arbeiten angeblich nicht gerne und suchen ständig nach Möglichkeiten, das Leben in vollen Zügen zu genießen.

In Madrid findet sich von allem etwas, denn die Zugezogenen haben

Pedro Almodóvar – ein Sohn der Stadt

Wohl kaum ein Bewohner Madrids ist derzeit so berühmt wie Pedro Almodóvar. Mit zahlreichen Filmen hat er nicht nur die Fachwelt fasziniert, sondern den spanischen Film international bekannter gemacht. „Wenn ich Filme mache, ziele ich auf den Kopf des Zuschauers, auf sein Herz und seine Geschlechtsteile", soll er einmal gesagt haben. Und da war er noch lange kein Star auf der großen Weltbühne. Der Durchbruch kam 1988 mit „Frauen am Rande des Nervenzusammenbruchs" („Mujeres al borde de un ataque de nervios") und sofort wurde sein Name praktisch zum **Synonym für die spanische Filmindustrie.** Damals nannte man ihn den Fassbinder Spaniens, worauf er konterte: „Ja, wir haben Gemeinsamkeiten, er und ich. Wir sind beide dick und lieben das Kokain."

Pedro Almodóvar wurde 1949 in Calzada de Calatrava geboren, einem staubigen kleinen Kaff in der Mancha. Ende der 1960er-Jahre kam er nach Madrid und verdiente seine Peseten mit einem Bürojob bei der staatlichen Telefongesellschaft Telefónica. Er wollte Filmemacher werden und weil es in Madrid damals keine professionelle Ausbildung in diesem Bereich gab, wurde er zum **Autodidakt.** Mit Super-8-Filmen drehte er erste kleinere Arbeiten.

Wie so viele spanische Beamte in den 1970er-Jahren nahm er seinen Beruf ziemlich locker. Der Job ließ ihm ohnehin ausreichend Zeit für den Film. Und das sollte sich bald mehr auszahlen, als Almodóvar ahnen konnte.

In dieser Zeit nach Francos Ableben entstand die Kulturbewegung der sogenannten **„movida madrileña".** Die Jahre der Diktatur hatten die meisten Künstler ins Exil getrieben oder geistig geknebelt. Kaum war der Diktator tot, begann der Startschuss für junge, unorthodoxe Freaks aus der Szene. Schon bald begann Almodóvar, andere Personen aus der Movida-Bewegung in sein Schaffen einzubeziehen: Die Fresken und Gemälde in seinem Film „Labyrinth der Leidenschaften" („Laberinto de pasiones", 1982) stammen von Pérez Villalta, die Kostüme von Ouka Lele, Ivan Zulueta entwarf die Filmplakate.

Nach seinem ersten Film „Pepi, Luci, Bom und andere Mädchen der Bande" („Pepi, Luci, Bom y otras chicas del montón", 1979/80) drehte er fast jedes

ihren Lebensstil und ihre Bräuche gleich mitgebracht. Auch deshalb bietet Madrid ausgezeichnete Flamencofestivals, die ganz eindeutig andalusisch geprägt sind. Und in den Restaurants ist *pulpo* ein Klassiker: galicische Krake mit Meersalz und Paprikapulver. Wer etwas vom guten alten Madrid und seinen Typen sehen möchte, geht am besten in eine der steinalten Tavernen im Viertel La Latina oder besucht die traditionellen Literatencafés wie das Commercial (s. S. 61) an der Plaza de Bilbao.

Mehr Ruhe für Madrid

Das muss man auch erstmal schaffen: sich den Ruf zu erwerben, **eine der lautesten Städte überhaupt** zu sein. Diese zweifelhafte Ehre hatte Madrid über viele Jahre – leider, muss man sagen, zu Recht.

Beispielsweise im alten Zentrum. Das „Urgebiet" von Madrid, die **Altstadt**, stand städtebaulich nicht im Fokus, aber genau dort spielt sich immer noch ein **Großteil des Stadtlebens** ab. Hier haben viele wichtige

Jahr einen neuen. Sein erster internationaler Erfolg kam 1988 mit „Frauen am Rande des Nervenzusammenbruchs" („Mujeres al borde de un ataque de nervios"), „High Heels" („Tacones lejanos", 1991) brach alle spanischen Kassenrekorde. Für „Todo sobre mi madre" („Alles über meine Mutter", 1999) erhielt Almodóvar einen **Oscar,** ebenso wie 2003 für „Sprich mit ihr" („Hable con ella"). 2016 sorgte er mit „Julieta" für Aufsehen, einem Melodram, das für die Goldene Palme nominiert und spanischer Kandidat für die Oscar-Verleihung 2017 war, allerdings nicht berücksichtigt wurde.

Seine Filme galten lange Zeit vor allem als schrill. **Tabus rund um die Themen Kirche und Homosexualität** brach der Regisseur aus der Mancha besonders gerne. Die selbstverfassten Drehbücher kreisten um Liebe und Gewalt, Drogen und Randgruppen. Mindestens genauso wichtig erschien ihm das Kultdesign der 1960er-Jahre, die Kitschtapeten, die Kostüme und die exaltierten Designermöbel. Unterlegt waren die Filme immer wieder mit getragener Musik, z. B. von Zarah Leander.

Doch schon mit „Sprich mit ihr" hat Almodóvar eine neue Seite seines Könnens gezeigt: **Er kann Dramen erzählen,** und zwar richtig gut. Der Film „Schlechte Erziehung" hat dabei auch mit seiner eigenen Kindheit zu tun.

In „Volver" (2006) verbindet er geschickt das Dramatische mit dem Grotesken. Hier geht es um ein Dorf in der Mancha und einen Geist. Bis auf die ersten Minuten sind nur Frauen im Film zu sehen, darunter Hollywood-Star **Penélope Cruz** und die spanische Schauspieldiva Carmen Maura. Sie spielten so überzeugend, dass sie bei den Filmfestspielen in Cannes gemeinsam als beste weibliche Schauspielerinnen ausgezeichnet wurden. Mit „Zerrissene Umarmungen" (2009), in dem ein Regisseur erblindet und seinen Film trotzdem vollendet, brachte er seine eigene Profession ins Zentrum des Dramas.

2019 erhielt er den Goldenen Löwen der Filmfestspiele von Venedig für sein Lebenswerk. Mehr als zwei Dutzend Filme umfasst sein Werk bis jetzt. Madrid verpasste ihm den Ehrentitel „Adoptivsohn der Stadt".

Ministerien und das spanische Parlament ihren Sitz. Genau durch diese Gegend wälzte sich aber schon immer ein nicht enden wollender **Verkehr.** Anwohner suchten Parkplätze, Kneipenbesucher ebenfalls und Lieferwagen wollten eben diese Kneipen beliefern. Immer wieder kam es deshalb vor, dass jemand kurzentschlossen in der zweiten Reihe parkte und damit die halbe Straße blockierte. Der Lieferverkehr kam kaum durch und hupte entnervt, der Zugeparkte kam nicht weg (und hupte erst recht) und die Schlange dahinter sah zwar nichts, hupte aber auch vorsichtshalber mit. Das war Alltag in Madrids Zentrum. Und in den Bars ging es auch nicht gerade ruhig zu, denn ein Fernseher plärrte immer, ein Spielautomat trötete seine Fanfaren heraus und die Menschen redeten – lauter als üblich – gegen die Kakophonie an. Das alles ist nun – fast – vorbei!

Wer vor vielen Jahren schon einmal in Madrid war und die alte, oben beschriebene Situation noch kennt, mag es kaum glauben, aber es ist tatsächlich ruhiger geworden. Grund: Das gesamte Zentrum wurde **verkehrsberuhigt.** *Der* zentrale Platz der Stadt, die Puerta del Sol 1, ist eine einzige Fußgängerzone und die zehn abzweigenden Straßen gleich dazu, selbst Fahrräder müssen hier geschoben werden. Weitere mehrspurige Straßen, durch die früher ein steter Strom von Fahrzeugen floss, wurden auf eine Fahrbahn verengt, Radwege eingerichtet. Obendrein fahren im Zentrum Busse und Taxen nur noch elektrisch, kein Bus spuckt mehr eine gewaltige Dieselwolke aus.

An vielen Straßen in der Altstadt wurden an den Bürgersteigen im Abstand von etwa vier Metern Poller gesetzt. Niemand kann hier jetzt mehr parken. Bei einigen Straßen gibt es noch wenige Parkflächen, die den Anwohnern vorbehalten sind. Die neue Kultur wird angenommen und alle bemerken insgesamt eine deutliche Entspannung und viel mehr Ruhe – jedenfalls nach 11 Uhr. Denn bis dahin sind die Straßen für den Lieferverkehr geöffnet und dann kann man wieder – wie früher – erleben, wie sich die Wagen gegenseitig behindern, anhupen und zu übertönen versuchen.

Mutig ging man noch einen Schritt weiter und hat eine **Umweltzone** eingeführt, genannt **ZBE** (Zona de Bajas emisiones, s. S. 109), zunächst nur für das Zentrum, in Zukunft soll sie für das gesamte Stadtgebiet gelten. Innerhalb dieser Zone dürfen nur Fahrzeuge fahren, die einer günstigen Schadstoffgruppe zugeordnet sind, ältere Autos dürfen hier nicht hinein. Ausnahmen gibt es für Anwohner, aber das langfristige Ziel heißt, dass alte Rostlauben mit schlechten Werten in Madrid gar nicht mehr fahren dürfen. **Fahrradwege** wurden eingerichtet, die Akzeptanz gegenüber dem Radfahren ist aber noch überschaubar.

Viel Geld nahm die Stadt in die Hand, um das **Flussbett des Río Manzanares** (s. S. 85) umzugestalten: der **Parque Madrid Río** entstand. Das ist den Madrilenen wirklich ausgezeichnet gelungen! Links und rechts verlaufen über viele Kilometer nett gestaltete **Promenaden** und mit Entfernungsangaben markierte Joggingstrecken, es gibt Fitnessgeräte, einige Bars, sehr viel Grün und eine insgesamt sehr entspannte Atmosphäre.

Den Titel der lautesten Stadt verdient Madrid nicht mehr und sie hat einiges dafür getan.

PRAKTISCHE REISETIPPS

068md Abb.: tb

An- und Rückreise

Mit dem Flugzeug

Spaniens Hauptstadtflughafen **Aeropuerto Madrid-Barajas Adolfo Suárez** fliegen Lufthansa und Iberia von vielen Städten im mitteleuropäischen Raum an. Die Flugzeit z. B. ab Frankfurt/Main nach Madrid beträgt etwa 2½ Stunden. Preiswerter geht es mit etwas Glück, wenn man bei einer **Billigfluggesellschaft** frühzeitig online bucht. Zur Bezahlung wird in der Regel eine Kreditkarte verlangt.

Madrids Flughafen Barajas liegt 15 km nordöstlich des Stadtzentrums. Die meisten Airlines landen an den Terminals 1, 2 und 3, manche am modernen Terminal T4 (Iberia). Von hier komt man auch per Nahverkehrszug Cercanías der Linie C1 und C10 in die City, u. a. bis Atocha 27 (25 Minuten).

› www.aeropuertomadrid-barajas.com, www.aena.es/en/adolfo-suarez-madrid-barajas.html

Vom Flughafen in die Stadt

Mit **Taxis** kommt man bequem, aber teuer und nur wenig schneller als mit dem Bus in den Stadtkern. Sie kosten inklusive Zuschlag für das Gepäck 30 € pro Fahrt.

Der **Airport Express** fährt die Strecke Flughafenterminals T4, T2, T1, O'Donell, Plaza de Cibeles (und umgekehrt) rund um die Uhr, tagsüber alle 15 Min. (auch bis Atocha), nachts nur noch alle 35 Min. Die Fahrtzeit beträgt rund 40 Minuten. Ein Ticket kostet 5 €.

› www.emtmadrid.es/Aeropuerto

Der Flughafen ist an die **Metro** (s. S. 124) angebunden. Die Linie 8 fährt vom Flughafen bis zur Station „Nuevos Ministerios". Wer weiter zur zentralen Puerta del Sol 1 will, muss noch zweimal umsteigen. Daher muss man ab Flughafen 45 bis 60 Minuten Fahrtzeit einplanen. Das gilt natürlich auch für den Rückflug.

Vom bzw. zum Flughafen muss immer ein Zuschlag von 3 € *(Suple-*

052md Abb.: tb

MEIN TIPP

Gepäckaufbewahrung am Flughafen

Büros zur Gepäckaufbewahrung *(consignas)* gibt es am Flughafen Barajas im Terminal 1 nahe der Bushaltestelle, in Terminal 2 nahe dem Metroeingang und im Terminal 4 im Erdgeschoss. Ein Schließfach für das Gepäck kostet für einen Zeitraum von 2 bis 24 Stunden 10 €.

mento Aeropuerto) auf den regulären Ticketpreis gezahlt werden. Die Metrotickets werden ausschließlich auf eine **Bezahlkarte** (s. S. 124) geladen, die es auch an den Ticketautomaten gibt.

Eine weitere Möglichkeit besteht darin, mit dem Nahverkehrszug **Cercanía** der Linie C-1 ins Zentrum zu fahren. Dieser verkehrt ab Terminal T-4 halbstündlich bis stündlich (je nach Tageszeit) und erreicht den Bahnhof Atocha 27 im Zentrum nach einer Fahrtzeit von ca. 30 Min., Preis: 2,60 €.

Mit dem Auto

Eine Anreise mit dem Auto ist wegen der langen Anfahrt und der **Autobahngebühren** (derzeit – 2024 – auf vielen Autobahnen aufgehoben, sollen aber wieder eingeführt werden) nicht wirklich empfehlenswert. Auch die **Parkplatzsituation** in Madrid ist alles andere als paradiesisch.

Obendrein gibt es eine **Umweltzone (ZBE, Zona de Bajas emisiones)**, die zunächst nur für das Zentrum gilt, aber ab 2025 auf die gesamte Stadt ausgedehnt werden soll. Dann dürfen vor allem ältere Autos nicht mehr ins Stadtgebiet fahren.

Die **zulässigen Höchstgeschwindigkeiten** betragen in Spanien auf den Autobahnen 120 km/h, auf Schnellstraßen maximal 100 km/h und innerstädtisch 50 km/h. Auf einigen innerstädtischen Straßen, zumeist einspurigen, gilt sogar Tempo 30.

› Weitere Infos zu Verkehrsregeln, Umweltzonen, Parkräumen etc. finden sich unter www.esmadrid.com/de/autofahren-madrid.

Mit dem Zug

Zugverbindungen aus dem Norden führen über Paris, Lyon und Barcelona (der französische TGV fährt diese Strecke ohne Umstieg) zum Madrider **Bahnhof Chamartín**, der nördlich des Zentrums liegt. Hier gibt es Metroanschlüsse (Linien 1 und 10) und ein Informationsbüro. Züge aus anderen Regionen, aber auch einige aus Barcelona, enden am zentralen Bahnhof Atocha 27.

•143 [cf] **Estación Chamartín**

› Weitere Infos gibt es auf der Website der spanischen Bahn: www.renfe.es.

Barrierefreies Reisen

Vor allem für Rollstuhlfahrer ist die **Situation in Madrid durchwachsen.** Während der moderne Flughafen und viele Sehenswürdigkeiten und Unterkünfte über Rampen verfügen, gibt es noch immer Metrozugänge, die nur mit Treppen ausgestattet sind. Im Metroplan, der in der vorderen Umschlagklappe dieses Buchs abgedruckt ist, sind die barrierefreien Stationen markiert. Die eingesetzten Busse sind aber schon vielfach stufenlos.

Am Flughafen Barajas

- Ein **Taxi für Rollstuhlfahrer** („taxi para una persona con silla de ruedas“) lässt sich unter https://eurotaxi-madrid.com bestellen.
- Für **Blinde** erklingt an den Ampeln ein **Pfeifton,** wenn sie auf Grün schaltet. Extra eingerichtet wurde für Menschen mit Sehbehinderung auch ein Museum (s. S. 49, https://museo.once.es).
- Die Stadt organisiert an manchen Wochenenden **Besichtigungstouren** für Menschen mit Behinderung, aktuelle Termine nennt das Tourismusamt an der Plaza Mayor 27 (s. S. 111).
- Weitere Infos: www.esmadrid.com/de/barrierefreies-madrid

Diplomatische Vertretungen

- •**144** [bi] **Deutsche Botschaft,** Calle de Fortuny 8, Metro: Rubén Dario, Tel. 0034 915579000, www.spanien.diplo.de
- •**145** [bh] **Österreichische Botschaft,** Paseo de la Castellana 91, Metro: Santiago Bernabéu, Tel. 0034 915565315, www.bmeia.gv.at/oeb-madrid
- •**146** [H1] **Botschaft der Schweiz,** Núñez de Balboa 35-7°, Edificio Goya, Metro: Velázquez, Tel. 0034 914363960, www.eda.admin.ch/madrid

Elektrizität

230-Volt-Wechselstrom ist in Spanien die Regel. Steckdosenadapter sind allenfalls für Schweizer vonnöten, wenn sie Geräte mit dreipoligem Stecker verwenden wollen.

▷ Die Touristinfo ist in der sehenswerten Casa de la Panadería untergebracht

Geldfragen

Madrid ist im europäischen Vergleich **keine sehr teure Stadt,** vor allem die Hotels und Restaurants sind im Durchschnitt günstiger als in Paris oder Rom.

Euro- und Centbeträge spricht man beispielsweise *un euro con veinte,* also „ein Euro *mit* zwanzig“ anstatt „ein Euro zwanzig“. Das Wort *euro* wird dabei Buchstabe für Buchstabe ausgesprochen: e-u-ro (s. auch S. 130).

Madrid preiswert

- Fahrten mit dem öffentlichen Nahverkehr wie der **Metro** oder dem **Bus** sind sehr günstig.
- Ein **Glas Wein** gibt es für vergleichsweise günstige 3 €, ein **Mittagsmenü** erhält man auch in besseren Restaurants oft schon für weniger als 15 € inklusive Getränk. Und eine **Übernachtung** im Doppelzimmer in einem einfachen Hostal ist schon für unter 80 € zu haben.
- Wer nur ein Bier oder ein paar Tapas zu sich nehmen möchte, zahlt **an der Theke** oft weniger als am Tisch!
- Das **Museo del Prado** 23 kostet normalerweise 15 € Eintritt, gratis ist er aber für alle Besucher Mo.–Sa. 18–20 und So. 17–20 Uhr.
- **Für EU-Bürger** sind einige weitere Museen und Sehenswürdigkeiten **mittwochs kostenlos,** darunter die Real Academia de Bellas Artes 2 und das Kloster Encarnación 13.

141md Abb.: ©leochen66, stock.adobe.com

Innerhalb Europas kann man mit der **Debitkarte** (in Deutschland auch als **Girocard** bekannt) problemlos zahlen und am Automaten Geld abheben. Debitkarten mit Maestro-Funktion sind noch bis zu ihrem Laufzeitende gültig, werden aber seit Juli 2023 sukzessive gegen sogenannte Mastercard-Debit-Karten ausgetauscht, mit denen man ebenfalls im Ausland zahlen und Geld abheben kann. **Kreditkarten** sind auch ein gängiges Zahlungsmittel. Unter Umständen fallen für Auslandszahlungen Gebühren an. Man sollte sich bei der jeweiligen Bank oder beim Kreditkarteninstitut über die Kosten informieren.

Für das **Geldabheben** im EU-Ausland gelten die gleichen Konditionen wie in Deutschland. Wie hoch die Kosten sind, hängt von der eigenen Bank ab und sollte vor der Reise erfragt werden. Es kann jedoch vorkommen, dass Geldautomatenbetreiber im jeweiligen Land zusätzliche Gebühren erheben. Die Höhe der Kosten muss am Automaten vor der Bestätigung der Abhebung angezeigt werden.

Informationsquellen

Infostellen in der Stadt

ℹ147 [C4] **Oficina de Turismo,** Casa de la Panadería, Plaza Mayor 27, tgl. 9–20 Uhr, Tel. 0034 915787810, www.esmadrid.com/informacion-turistica/centro-de-turismo-plaza-mayor. Die beste Auskunftstelle der Stadt mit guten Stadtplänen, einem Shop mit Produkten rund um Madrid und geschulten Mitarbeitern. Diese informieren auch über die

Veranstaltungstipps

Der **Guía del Ocio** ist ein Onlinemagazin mit einer Fülle von Veranstaltungstipps.

› https://guiadelocio.es/madrid (auf Spanisch, tagesaktuell)

Empfehlenswert ist auch die Website www.elmundo.es/metropoli.html. Hier finden sich aktuelle Informationen über Musikveranstaltungen, Kinoprogramm, Galerien, neue Museen und Shoppinginformationen.

vielen Stadtführungen zu Themen wie Architektur, Flamenco, Kulinarisches usw., auch Tickets fürs Theater. Weitere Infoämter gibt es unter anderem im Flughafengebäude, am Palacio Real 9, am Paseo del Prado (s. S. 34) und an der Plaza de Callao [C3].

Madrid im Internet

- **www.esmadrid.com:** Aktuelles zu Kultur, Lesungen, neuen Filmen und Ausstellungen, auch auf Englisch.
- **www.madrid.es:** Tipps der Stadtverwaltung zu Museen, Theater, Kino, Hotels und Restaurants, auch auf Englisch.
- **www.spain.info:** Spanien-Portal mit vielen Infos (auch auf Deutsch) vom Stadtplan bis zur Pension.
- **www.spanien-reisemagazin.de:** Website zu Spanien mit vielen Infos zu Madrid.
- **https://guiadelocio.es/madrid:** Onlineversion des Wochenhefts mit aktuellen Infos zu Kinoprogramm, Restaurants und aktuellen Events aller Art (nur auf Spanisch).

Publikationen und Medien

- **El País:** Eine der führenden Tageszeitungen Spaniens, linksliberal, vor allem an Sonntagen mit aufwendigen Beilagen am Markt (www.elpais.com).
- **ABC:** Wertkonservativ und die älteste Tageszeitung der Stadt (www.abc.es).
- **El Mundo:** Liberal-konservativ und sehr erfolgreich. Das Design ist preisgekrönt (www.elmundo.es).

Meine Literaturtipps

- **Tobias Büscher: „Muschelmord“,** Redaktion Köln. Der Spanier Pepe Segura arbeitet als Polizist und ist so ordinär wie unchristlich. Doch dann führt ihn eine Spur auf den Jakobsweg, auf dem er einen Herbergsvater aus Madrid kennenlernt. Kommissar Segura ermittelt undercover mit Wanderstab und Kürbisflasche als Pilger wider Willen.
- **Camilo José Cela: „Der Bienenkorb“,** Piper. Flirts und Katastrophen, Huren und Hinterhöfe – der „Bienenkorb“ („La Colmena“) ist ein Potpourri der Impressionen aus Madrids Nach-Bürgerkriegszeit. Geschrieben hat ihn Spaniens Nobelpreisträger Camilo José Cela (1916–2002). Den Roman verfilmte Mario Camus mit einem Staraufgebot, darunter Victoria Abril, Antonio Resines, Ana Belén und Francisco Rabal (1982).
- **Miguel de Cervantes: „Don Quijote“,** dtv. Der Weltklassiker ist im Grunde Knastliteratur. Cervantes (1547–1616) saß gerade wegen Betrugs ein, als er den edlen Ritter von der traurigen Gestalt gegen Windmühlen anreiten ließ. Der „Quijote“ war eine Parodie auf die im Mittelalter so häufigen Schelmenromane. Herausgekommen ist dabei Spaniens berühmtestes Buch aller Zeiten. Es lebt vom Spannungsgrad zwischen Wahn (Don Quijote) und Wirklichkeit (dessen Knappe Sancho Panza). Cervantes schlug sich zu Lebzeiten mal als Kammerdiener, mal als Soldat, mal als Steuereintreiber durch. Auch mit seinem erfolgreichen Buch verdiente er fast nichts. Sein Verleger kassierte, der Autor starb verarmt.
- **Rafael Chirbes: „Der Fall von Madrid“,** Heyne. November 1975: Das Radio meldet den Tod Francos. Eine spanische Großfamilie erlebt daraufhin die spannende Übergangszeit von der Diktatur zur parlamen-

- **La Razón:** königstreue Rivalin für ABC und El Mundo (www.larazon.es).
- **Público:** Spaniens jüngste Tageszeitung steht eindeutig auf Seiten der Gewerkschaften und der Linken (www.publico.es).

Madrid-Apps

- **La Guía del Prado:** Das Museo del Prado 23 bietet diese App an, die sich zur Orientierung im Museum, aber auch schon zur Vorbereitung von zu Hause aus eignet (gratis für Android und iOS).
- **Madrid Travel Guide and Map:** Dieser kleine Helfer verfügt neben einem detaillierten Netzplan über einen Stadtplan, der offline abgerufen werden kann (gratis für iOS).

tarischen Monarchie. Chirbes entwirft ein erfrischend neutrales Bild von alten Vorurteilen und neuen Herausforderungen.

- **Lion Feuchtwanger: „Goya oder Der Arge Weg der Erkenntnis“,** Aufbau Tb. Künstlerbiografie über einen Maler, der Könige, Kriegsbilder und Horrorvisionen malte. Das dekadente Leben am Hof, die Liebe des genialen Malers zur Herzogin Alba, vor allem auch die Entstehung der Gemälde sind hervorragend erzählt. Herzogin Alba porträtierte Goya übrigens splitternackt, wofür er sich später vor einem Inquisitionsgericht verantworten musste. Mein Tipp: Erst lesen, dann die Goya-Abteilung im Prado 23 besuchen.
- **David Trueba: „Die Kunst des Verlierens“,** Rowohlt. Familienepos, dessen Handlung in Madrid angesiedelt ist. Ein sehr gut geschriebenes Buch.

- **Metro de Madrid Oficial:** Diese App zeigt auf Spanisch alle wichtigen Infos zur Metro in Madrid an, von neuen Preisen bis zu neuen Strecken (gratis für iOS und Android).
- **Realmadrid Official:** Diese App ist der Klassiker für Fans des Fußballclubs Real Madrid und bietet auf Englisch und Spanisch viele Extradienste: u. a. den clubeigenen Fernsehkanal RMTV, Spielechroniken und Live-Infos zu laufenden Spielen (gratis für Android und iOS).

LGBT+

Die LGBT-Szene hat in Madrid eine **Hochburg:** das **Stadtviertel Chueca** (s. S. 42) nördlich der Gran Vía. Besonders angesagt sind die Bars rund um die Plaza de Chueca 30. Hier wirkt Madrid wie ein Paradies für Queerness und Toleranz, doch der Alltag in der Stadt sieht oft verhaltener aus. LGBT+ bewegen sich in Madrid meist diskreter und reservierter als in den großen Städten des nördlichen Europa – der traditionelle Katholizismus spielt in Spanien weiterhin eine große Rolle.

Alle drei Monate gibt der COGAM (Colectivo Gai de Madrid) das Magazin „¿Entiendes?“ heraus. Bei Demonstrationen zeigt man zwar Flagge und erreicht auch die erhoffte Präsenz in den Medien, doch die Zahl der Teilnehmer ist bei einer Stadt von der Größe Madrids nicht sehr beeindruckend.

- **Informationsbroschüre: Guía gay de España,** erhältlich ein- bis zweimal monatlich an vielen Kiosken an der Gran Vía [C–E3] und an der Puerta del Sol 1.
- **https://cogam.es,** allerlei Infos, auch zu Events und Paraden beim Dia del Orgullo Gay („Tag des schwulen Stolzes“, meist Ende Juni/Anfang Juli)

Mit Kindern unterwegs

Kinder sind in Madrid **gern gesehene Gäste.** Quengeln und Brüllen beispielsweise wird in den Restaurants von anderen Gästen gutmütig toleriert, denn Madrilenen sind kinderlieb und der Geräuschpegel ist in der Regel ohnehin hoch. Sehr lobenswert ist übrigens der Kinderbereich *(sala de menores)* am **Flughafen Barajas** (Terminal 4) mit Spielflächen, Wickelräumen und Schlafraum für die Kids.

› **Retiro-Park** 26. Zum Sonntagsspaziergang gehen viele Madrider in den Retiro-Park, besonders an den Wochenenden finden sich dort die Gaukler und Straßenkünstler der Stadt ein. Bei Pantomime, Marionettenspielern, Bootsfahrten auf dem kleinen Parksee und Luftballonverkäufern wird es auch Kindern mit Sicherheit nicht langweilig. Hinter dem Eingang an der Puerta de Alcalá [G3] befindet sich außerdem ein kleines Marionettentheater.

•**148** [aj] **Vergnügungspark Parque de Atracciones,** Casa del Campo s/n, Metro: Batán, www.parquedeatracciones.es, Juni–Aug. i. d. R. tgl., sonst unregelmäßig, aber fast immer am Wochenende, ab 12 Uhr. Autoscooter, Riesenrad, Achterbahn, Schießbuden, Themen-Bootsfahrten und Zuckerwatte.

•**149** [aj] **Zoo Aquarium,** Casa del Campo s/n, www.zoomadrid.com, Metro: Batán, tgl. 11–18 Uhr, im Sommer länger geöffnet. Im Zoo des Stadtparks Casa del Campo tummeln sich mehrere Tausend Tiere, von Zebras über weiße Tiger bis hin zu Delfinen und Haien.

Medizinische Versorgung

Bei einem dringenden medizinischen Notfall hilft die Notfallaufnahme *(urgencia)* des nächsten Krankenhauses *(hospital).* Mitglieder gesetzlicher Krankenkassen werden in den Krankenhäusern bei Vorlage ihrer **Europäischen Krankenversicherungskarte**

Für eine Bootsfahrt im Retiro-Park 26 lassen sich Kinder oft begeistern

142md Abb.: ©Alex Segre, stock.adobe.com

Deutschsprachige Ärzte
Die Deutsche Botschaft (s. S. 110) informiert über deutschsprachige Ärzte in Madrid.

(European Health Insurance Card) umsonst behandelt.

150 [cf] **Krankenhaus La Paz,** Paseo de la Castelana 261, Metro: Begoña,Tel. 917277000. Eines der besten Krankenhäuser der Stadt.

Im Allgemeinen gilt, dass sich der Abschluss einer zusätzliche **Auslandskrankenversicherung** empfiehlt, um Sonderleistungen wie Rücktransport abzudecken. Wer in Vorkasse treten muss, etwa beim Zahnarzt *(dentista)*, sollte sich unbedingt eine **detaillierte Quittung** geben lassen. Die meisten Kassen kommen nur für die Kosten auf, die man für die gleiche Leistung beim Zahnarzt zu Hause zahlen würde, daher zahlt man meist drauf.

Apotheken heißen auf Spanisch *farmacia* und sind an einem grünen Kreuz erkennbar.

151 [C3] **Farmacia CEA,** Preciados 14, tgl. 9–22 Uhr

Notfälle

Notrufnummern

- **Allgemeiner Notruf:** 112
- **ADAC-Pannenhilfe:** 0049 89 222222

Fundbüro

152 [bk] **Oficina de Objetos Perdidos (Fundbüro),** Paseo Molino 7, Metro: Legazpi, Tel. 0034 915298210, Mo.–Fr. 8.30–14 Uhr

Kartenverlust

Bei **Verlust der Debit-/Giro-, Kredit-** oder **SIM-Karte** gibt es für Kartensperrungen eine **deutsche Zentralnummer** (unbedingt vor der Reise klären, ob die eigene Bank bzw. der jeweilige Mobilfunkanbieter diesem Notrufsystem angeschlossen ist). **Aber Achtung:** Mit der telefonischen Sperrung sind die Bezahlkarten zwar für die Bezahlung/Geldabhebung mit der PIN gesperrt, nicht jedoch für das **Lastschriftverfahren mit Unterschrift.** Man sollte daher auf jeden Fall den Verlust zusätzlich **bei der Polizei zur Anzeige bringen,** um gegebenenfalls auftretende Ansprüche zurückweisen zu können.

In **Österreich** und der **Schweiz** gibt es keine zentrale Sperrnummer, daher sollten sich Besitzer von in diesen Ländern ausgestellten Debit- oder Kreditkarten vor der Abreise bei ihrem Kreditinstitut über den zuständigen Sperrnotruf informieren.

Generell sollte man sich immer die **wichtigsten Daten** wie Kartennummer und Ausstellungsdatum **separat notieren,** da diese unter Umständen abgefragt werden.

- **Deutscher Sperrnotruf:** Tel. +49 116116 oder Tel. +49 3040504050
- **Weitere Infos:** www.kartensicherheit.de, www.sperr-notruf.de

Öffnungszeiten

Einkaufszentren und Kaufhäuser wie Corte Inglés, FNAC u.a. sind in der Regel Mo.–Sa. 10–22 Uhr und So. 11–21/21.30 Uhr geöffnet. Kleinere **Geschäfte** unterliegen keinem Ladenschlussgesetz, man kann von den Kernzeiten 10–14 und 16–20 Uhr an Werktagen ausgehen.

Im August geschlossen
Viele Restaurants, Bars und so manche Läden sind im August geschlossen, weil dann die halbe Stadt Urlaub macht. Doch keine Sorge, verhungern wird in der Stadt auch in diesem heißen Monat niemand.

Ämter sind werktags 10–14 und 16–20 Uhr für den Publikumsverkehr geöffnet, **Banken** werktags meist 10–14 Uhr. Viele **Museen** haben montags geschlossen. **Restaurants** haben zumeist am Sonntag Ruhetag.

Post

Briefmarken *(sellos)* verkaufen auch die vielen Tabakläden in der Stadt. Momentan beträgt das Porto für eine Postkarte nach D, A und CH 1,65 €, der genaue Betrag ändert sich aber häufig. Die gelben, runden **Briefkästen** mit der Aufschrift „Correo" haben manchmal einen eigenen Einwurfschlitz für Sendungen ins Ausland *(extranjero)*.

✉**153** [F3] **Oficina de Correos,** Plaza del Prado 1, Tel. 915230694, Mo.-Fr. 8.30-20.30 Uhr

Radfahren

Eine wirkliche Fahrradstadt ist Madrid noch nicht, aber es tut sich etwas. Sogar im Zentrum sind erste **Radwege** entstanden, allerdings verlaufen diese oft genug genau neben Autostraßen, was zumindest auf viel befahrenen Routen kein Vergnügen ist. Aber ein Anfang ist gemacht und durch die Umweltzone wird sich die Situation sicher auch noch einmal verbessern.

Lohnend dagegen ist es, entlang dem Fluss Manzanares und auf dem **Anillo Verde Ciclista** rund um die Stadt zu fahren. Auf den insgesamt 64 km fährt man entlang der Parkanlage Casa del Campo, über den Campo de las Naciones und vorbei am Estadio Olímpico und ist drei bis vier Stunden unterwegs (ausgeschildert). Einen Überblicksplan und weitere Infos für Radfahrer findet man auf https://pedalibre.org. Ein anderer Treffpunkt für Radler ist der Pinienwald Casa del Campo.

In die Metro dürfen Räder zwar mitgenommen werden, aber nicht zu den Stoßzeiten 7.30–9.30, 14–16 und 18–20 Uhr.

•**154** [B4] **Bike Spain Tours,** Place de la Villa 1, https://madrid.bikespain.com/rent-bike-madrid. Fahrradverleih und Radtourenanbieter.

Sicherheit

Nachtbusse und Taxis sind sinnvoll, wenn man nachts allein unterwegs ist. **Taschendiebe** sind auch in Madrid unterwegs, vor allem in der Metro, auf dem Flohmarkt Rastro und in touristisch belebten Gebieten wie der Puerta del Sol ❶, der Plaza Mayor ❺ und am Paseo del Prado.

Wertgegenstände hebt man am besten **im Hotelsafe** auf (falls vorhanden). Wird man Opfer eines Diebstahls, so sollte man bedenken, dass eine **Anzeige** bei der nächsten Polizeibehörde nur **für Ansprüche gegenüber Versicherungen** (zum Beispiel Reisegepäckversicherung) wichtig ist. Ansonsten ist die Stadtpolizei mit Nachforschungen bei Kleinkriminalität völlig überfordert.

Extra für ausländische Besucher hat die Stadt Madrid einen Service eingerichtet, der bei Diebstahl, Unfall oder anderen rechtlichen, aber auch sprachlichen und psychologischen Belangen hilft: **Servicio de Atención al Turista Extranjero (SATE)** heißt der **Betreuungsdienst für ausländische Touristen.** Man solle nicht zögern, bei „unangenehmen Vorfällen jeglicher Art" vorbeizukommen, meint eine Mitarbeiterin, außerdem spreche man nahezu alle Sprachen, ob Deutsch, Englisch, Russisch oder Chinesisch.

•**155** [B2] **SATE,** im Polizeirevier der Straße Leganitos 19, Metro: Plaza de España, Tel. 902102112, tgl. 8–22 Uhr

Sprache

Die Madrilenen sprechen mehrheitlich **Kastilisch** *(castellano),* nur in regionalen Restaurants hört man schon mal Galicisch *(galego),* Katalanisch *(català)* oder Baskisch *(euskera).* Auch die Akzente aus Sevilla, Buenos Aires und Havanna sind auf der Straße hörbar, denn Madrid ist ein Schmelztiegel lateinamerikanischer und regionaler Sprechweisen.

Das kastilische Spanisch ist hart, reich an Konsonanten und wird in Madrid **atemberaubend schnell gesprochen.** Die Durchsagen am Flughafen sind noch moderat, die Nachrichtensprecher im Radio wirken auf fremde Ohren aber so, als seien sie gerade auf der Flucht. Auch in Bars und Restaurants wird viel, schnell und oft auch gleichzeitig geredet. So ist es zunächst auch mit Spanischkenntnissen nicht leicht, sich in ein Gespräch einzuschalten. Andererseits freuen sich die Madrilenen sehr, wenn man auch nur ein paar Worte auf Spanisch sagen kann (siehe „Kleine Sprachhilfe" im Anhang, S. 130). Wer einen schnellen und umkomplizierten Einstieg in das Spanische sucht, dem sei der Kauderwelsch-Band „Spanisch – Wort für Wort" aus dem Reise Know-How Verlag ans Herz gelegt.

Mittlerweile gibt es auch in Madrid einige Radwege

Auffällig ist die **Vulgärsprache**, die in Madrid bis hinauf in die höchsten Kreise gepflegt wird wie sonst nirgends im Land. Ob *cojones* (Hoden) oder *hijo puta* (Hurensohn), kaum ein Gespräch kommt ohne solche Begriffe aus, wobei der eigentliche Sinn natürlich längst nicht mehr mitgedacht wird und nur auf fremde Ohren anstößig wirkt.

Das Kastilische entwickelte sich – Zufall oder nicht – aus dem Vulgärlatein zu einer frühromanischen Sprache und wird heute **weltweit von schätzungsweise 455 Millionen Menschen gesprochen.** Während der *Reconquista* (Wiedereroberung der maurisch regierten Iberischen Halbinsel) breitete sich die Sprache aus und wurde seit der nationalen Einigung durch die katholischen Könige (1492) immer mehr zur allgemeinen Landessprache. Der **maurische Einfluss** macht sich heute noch in vielen Worten bemerkbar, z. B. *ayuntamiento* (Rathaus) oder *alcázar* (Festung).

Während der Franco-Diktatur waren die **Regionalsprachen** verboten, heute allerdings sorgen die Regierungen in Barcelona, Vitoria und Santiago de Compostela dafür, dass ihre eigenen Sprachen Katalanisch, Baskisch und Galicisch präsenter sind als die Weltsprache Kastilisch.

Nicht in jedem kleineren Restaurant oder Hostal versteht man **Englisch**, geschweige denn Deutsch, wohl aber in den großen Hotels und – wenn der Zuständige nicht gerade im Urlaub ist – im Infoamt an der Plaza Mayor (s. S. 111).

MEIN TIPP

Spanisch lernen in der Hauptstadt

Bei TANDEM können nicht nur Deutschsprachige Spanisch, sondern auch Spanier Deutsch lernen. Neben dem Unterricht in kleinen Gruppen bekommt jeder Sprachschüler einen Deutsch lernenden Spanier als „Tandem" vermittelt. Das Ganze läuft über lustige Fragebögen, in denen Hobbys, Interessen und andere Dinge abgefragt werden. Mit dem zugeteilten Partner trifft man sich in der Freizeit. So entsteht schnell Kontakt zu Spaniern und im Sprachaustausch können sogleich die neusten Vokabeln angewandt werden. Nette spanische Lehrerinnen und Lehrer, die sich neben den Pflichtstunden auch um ein Kultur- und Freizeitprogramm kümmern, runden das Angebot ab. Die Schule vermittelt zudem Praktika bei spanischen Firmen und Unterkünfte bei Familien oder in WGs.

- **156** [E3] **TANDEM,** Escuela Internacional, Marqués de Cubas 8, 28014 Madrid, Tel. 915322715, www.tandemmadrid.com (mit Infos zu Kursen und Preisen auf Englisch)

Stadttouren

Descubre Madrid – „Madrid entdecken" – heißen die Stadtführungen, die täglich am Touristenbüro an der Plaza Mayor (s. S. 111) starten. Es gibt verschiedene Varianten, von Rundgängen über Fahrrad- bis zu etwas teureren Bustouren. Die **thematischen Schwerpunkte** variieren zwischen Geschichte, Legenden, Architektur, Literatur und Kunst. So hat man beispielsweise die Wahl zwischen „Meisterwerke im Prado" und „Geheimnisse des Retiro-Parks". Auch Schauspieler in Kostümen kommen schon mal zum Einsatz. Der Preis ist

Mit Doppeldeckerbussen kann man auf bequeme Weise die Stadt erkunden

090md Abb.: tb

generell niedrig, einige Angebote sind sogar kostenlos.

› Infos: www.esmadrid.com

Madrid City Tour bietet mit seinen **Doppeldeckerbussen** verschiedene Routen an: durch das historische, das moderne und das monumentale Madrid. Man kann beliebig aus- und einsteigen, Tickets inklusive Plan und Bonusheft kosten für einen Tag 25 €, unter 16- und über 65-Jährige zahlen 11 €, Kinder unter 6 Jahren gar nichts. Tickets für zwei Tage: 30 €, Familien (2 Erw., 2 Kinder) 62 €, Rabatt bei Onlinekauf.

› https://madrid.city-tour.com

Unterwegs mit Isabel Campo: Die sympathische Reiseleiterin spricht fließend Deutsch und bietet mit ihren Kollegen informative und unterhaltsame Rundgänge durch Museen und Stadtviertel an. Dabei lassen sich auch Schwerpunkte wie Architekturtouren buchen. Prädikat: empfehlenswert!

› campoisabel@hotmail.com, Tel. 696411912

Telefonieren

Alle spanischen Nummern sind neunstellig, eine **Ortsvorwahl** gibt es nicht.

In der EU gibt es keine Roaminggebühren mehr. Das Telefonieren und Surfen mit dem Handy ist im EU-Ausland so günstig wie zu Hause – es sei denn, man nutzt das Handy im Ausland über einen längeren Zeitraum hinweg, dann können je nach Anbieter Nutzungsobergrenzen gelten.

Tickets

Kartenvorverkauf

› **Real Madrid:** Tickets fürs Stadion unter www.realmadrid.com/de/tickets

› **Teatro Real:** Opernkarten unter www.teatroreal.es/en/entradas

› **Konzerte:** El Corte Inglés (s. S. 79), www.elcorteingles.es/entradas/conciertos/madrid

Vorwahlen

› **Spanien:** 0034

› **Deutschland:** 0049

› **Österreich:** 0043

› **Schweiz:** 0041

•157 [D3] **Localidades Galicia,** Plaza de Carmen 1, Tel. 915312732, www.bullfightticketsmadrid.com. Tickets für die Stierkampfarena.

Toiletten

Öffentliche Toiletten sind sehr selten. Wer aufs stille Örtchen muss, sollte freundlich in einem Lokal nachfragen (viele Betreiber mögen das allerdings nicht) oder ein Getränk bestellen, um die Toilette aufsuchen zu dürfen.

Unterkunft

Madrid hat auch in der Hauptsaison ein riesiges Angebot an Hotels und *Hostales*. Die **Hotelkategorie** verrät ein hellblaues Schild mit weißer Aufschrift an der Unterkunft, ein aufgedrucktes „H" mit ein bis fünf Sternen.

Ein **Hostal** ist etwas einfacher als ein Hotel und dafür meist billiger. Die Spanne reicht hier von der sehr einfachen *fonda* (Gasthof) bis zum Drei-Sterne-Hostal.

Strategisch am besten übernachtet man in Huertas rund um die Plaza Santa Ana 18, in Chueca und in den Unterkünften rund um Gran Vía und Puerta del Sol 1.

Hostels/Hostales

158 [D3] **Acapulco** €, de la Salud 13, Metro: Gran Vía, Tel. 915311945, www.hostalacapulco.com. **Ruhig und persönlich:** Das kleine *hostal* hat Stil: Marmorböden, gute Betten, schöne Badezimmer – und vor allem Doppelverglasung für mehr Ruhe. Besonders empfehlenswert sind die hellen Zimmer mit Balkon und Blick auf die zentrale Plaza del Carmen.

159 [E4] **Astoria** €-€€, Carrera de San Jerónimo 30, Metro: Sevilla, Tel. 914291188, www.hostal-astoria.com. **Für Kulturfreunde:** Zu den Cafés und Jazzkneipen im Stadtviertel Huertas ist es von diesem Hotel in einem historischen Gebäude aus genauso nah wie zum Prado-Museum.

160 [D4] **Cats Hostel Madrid Sol** €, Cañizares 6, Metro: Antón Martín, https://catshostels.com/madrid-sol. **Aus dem 17. Jahrhundert:** Das Haus ist maurisch dekoriert, hat einen Innenhof mit andalusischen Kacheln und eine coole Kellerbar, wo ab und zu Flamenco aufgeführt wird. Mittwochs veranstalten die Betreiber für ihre Gäste Partys in der nahegelegenen Disco Sweet. Die Mehrbettzimmer (bis zu 14 Betten) haben Gemeinschaftsbäder, es gibt aber auch kleine Doppelzimmer mit eigenem Bad.

161 [C3] **Hostal Gala** €, Costanilla de los Ángeles 15, Metro: Opera, https://hostalgala.com. **Für die ganze Familie:** Neben Zimmern gibt es hier auch Apartments mit mehreren Betten und Kochnische.

Buchungsportale

Neben Buchungsportalen für **Hotels** (z. B. www.booking.com, www.hrs.de oder www.trivago.de) bzw. für **Hostels** (z. B. www.hostelworld.com) gibt es auch Anbieter, bei denen man **Privatunterkünfte** buchen kann. Portale wie www.airbnb.de oder www.wimdu.de vermitteln Wohnungen, Zimmer oder auch nur einen Schlafplatz auf einer Couch. Diese oft recht günstigen Übernachtungsmöglichkeiten sind nicht unumstritten, weil manchmal normale Wohnungen gewerblich missbraucht werden. Einige Städte greifen deshalb regulierend ein.

147md Abb.: ©Christian Müller, stock.adobe.com

162 [C4] **Hostal Madrid** €, Esparteros 6, Tel. 915210903, www.hostal-madrid.info/en. **Zentral und für Sparfüchse:** Eine zentralere Lage ist kaum vorstellbar, einmal ums Eck liegt die Puerta del Sol, kaum weiter entfernt in die andere Richtung die Plaza Mayor. Die Zimmer sind klein und relativ schlicht eingerichtet, aber hier punktet die Lage.

163 [D3] **Vázquez de Mella** €-€€, Plaza de Pedro Zerolo 1–3, Metro: Chueca, Tel. 915227390, www.hostalvazquezdemellamadrid.com. **Gayfreundlich und offen:** Mittelklassehotel an einem weiten Altstadtplatz, unter dem ein Parkhaus liegt. Zentrale, relativ ruhige Lage in Chueca nahe Gran Vía.

Preiskategorien Unterkünfte

Durchschnittlicher Preis für ein Doppelzimmer pro Nacht. Die Preise können je nach Saison oder sogar nach Wochentag stark schwanken.

€	bis 120 €
€€	120–180 €
€€€	ab 180 €

Hotels

164 [B2] **Casón del Tormes** €€€, Río 7, Metro: Plaza de España, www.casondeltormes.com, Tel. 915419746. **Bei Geschäftsleuten beliebt:** Das funktionale 3-Sterne-Hotel – wenige Meter von der Gran Vía entfernt – hat einen beachtlichen Vorteil: Die 63 Zimmer mit Bad sind sehr ruhig.

165 [E4] **Cervantes** €, Cervantes 34, Metro: Antón Martín, Tel. 914298365, www.hostal-cervantes.com. **Familiär, zentral, günstig und ruhig:** daher auch trotz der spartanischen Zimmereinrichtung empfehlenswert.

166 [E4] **Hotel Ibis Style Prado** €€, Prado 11, Tel. 913690234, https://ibis.accor.com. **Schlicht-pragmatisch**

Das luxuriöse Hotel ME Madrid Reina Victoria (s. S. 122)

058md Abb.: tb

Grandiose Aussicht von der Dachterrasse des Óscar

eingerichtetes Hotel im Zentrum: Das 48-Zimmer-Haus liegt nicht weit vom zentralen Ausgeh-Platz Plaza Santa Ana und ebenso nahe ist es zu den großen Museen. Zweckmäßig eingerichtete Zimmer, reduziert auf das Nötigste, aber alles ist durchdacht und ausreichend. Kinder bis 15 Jahre wohnen kostenfrei, es gibt Zimmer mit eigener Terrasse.

167 [D4] **Matute11** €€, Plaza de Matute 11, Metro: Antón Martín, Tel. 9142953698, https:/matute11.com. **Attraktive Lage in geräumigem Bürgerhaus:** Apartments im Stadtviertel Huertas an einem winzigen Platz mit Terrascafés gelegen. Zimmer mit Bad und Holz- oder Fliesenboden, Rezeption rund um die Uhr geöffnet. Ein Katzensprung zur lebhaften Plaza Santa Ana. Zwei Nächte Mindestaufenthalt.

168 [D4] **ME Madrid Reina Victoria** €€€, Plaza de Santa Ana 14, Metro: Sol oder Antón Martín, Tel. 917016000, http://memadridreinavictoria.madridhotels.it. **Wohlfühlen und genießen:** Einst hieß es Gran Victoria und war die Absteige berühmter Toreros und Schauspieler, heute ist das strahlend weiße Luxushotel an der Plaza de Santa Ana in Huertas ein Klassiker des modernen Designs. Die Terrassenbar hat eine geniale Aussicht und kann per separatem Aufzug auch von Nicht-Gästen besucht werden.

169 [C4] **Moderno** €€€, Arenal 2, Metro: Sol, www.hotel-moderno.com, Tel. 915310900. **Ganz nahe der Puerta del Sol:** etwas enge, aber klimatisierte Zimmer, die Doppelfenster halten den Lärm von der Straße einigermaßen ab. Gute Bäder. Drei Nächte Mindestaufenthalt.

170 [E3] **Óscar** €€-€€€, Plaza Vázquez de Mella 12, Metro: Gran Vía, Tel. 917011173, www.room-matehotels.com. **Ansprechendes Designerhotel im Stadtviertel Chueca:** Nicht nur die Zimmer, auch die Lobby und der Frühstücksraum sind mit kuriosen Farben und Lichteffekten ausgestattet. Dachterrasse mit Pool, Lounge-Musik und Bar. Zur Kette gehören auch das „Alice" im Ausgehviertel Huertas direkt an der Plaza Santa Ana, das „Mario" nahe der Oper und das „Laura" östlich der Puerta del Sol (siehe Website).

171 [D4] **Plaza d'Ort** €-€€, Plaza del Ángel 13, Metro: Antón Martín, Tel. 910054056, https://ch-hoteles.com/plazadortrooms. **In einer lebhaften Ecke Madrids:** nicht weit zu den Kinos und Shoppingmeilen. Klimatisierte Zimmer.

172 [A2] **Suites Viena Plaza de España** €€-€€€, Juan Álvarez Mendizábal 17, Metro: Plaza de España, Tel. 917583605, www.suitesviena.com. **Besonders gut gelegen:** gehobener Service, moderne Zimmer, sehr zentral nordwestlich der Plaza de España gelegen.

173 [E4] **Urban** €€€, Carrera de San Jerónimo 34, Metro: Sevilla, Tel. 917877770, www.hotelurban.com. **Vierbeiner willkommen:** Katalanische Architekten haben dieses 5-Sterne-Hotel zwischen Puerta del Sol und Thyssen-Museum gestaltet und dabei viel Wert auf Licht und Glas gelegt. Die 96 Zimmer sind avantgardistisch gestaltet und luxuriös möbliert. Mit kleinem Pool, Dachterrasse, die einen Blick auf die Dächer Madrids ermöglicht, und Garage. Vorteil für Nachtschwärmer: Frühstück gibt es bis 13 Uhr.

174 [F5] **Urbansea Atocha 113** €€, calle de Atocha 113, Metro: Atocha, Tel. 971578487, www.blueseahotels.com/de/hoteles/destinos/madrid/madrid-centro. **Minimalismus auf sechs Etagen:** 36 Zimmer in einem auffällig schicken, schmalen Haus, offiziell mit nur einem Stern, aber mit allem Notwendigen eingerichtet. Kein Frühstück, aber kostenloser Kaffee. Es gibt eine Dachterrasse und einen Gemeinschaftsraum, aber keine *cafetería*. Zu bestimmten Zeiten steigen auch hier die Preise.

Verhaltenstipps

Am besten so

- Beim doppelten Begrüßungskussen nur leicht die Wange berühren.
- Beim Ausgehen mit Spaniern auch selbst für die ein oder andere Runde sorgen. Eventuellen Einspruch ignorieren und sich durchsetzen, das kommt sehr gut an.
- In Jubel ausbrechen, wenn bei der Liveübertragung in der Kneipe ein Tor für die Fußballmannschaft Real Madrid fällt.
- Ein typisches Geschenk von zu Hause mitnehmen, denn man könnte ja mal eingeladen werden.
- Ein paar Wörter Spanisch lernen, das freut die Bewohner.
- Taxis am Wochenende zu später Stunde telefonisch bestellen, auf der Straße sind sie schon mal Mangelware.
- Im Hochsommer die Mittagshitze meiden.

Erscheinungen, auf die man gut verzichten könnte

- **Nachtlärm:** Es gibt sie, die gut gelaunten Discogäste, die nach 4 Uhr morgens im Pulk auf der Straße stehen und grölen und krakeelen, dass die Hostalzimmerwände wackeln, am besten noch mit Whisky- und Litrona-Bierflaschen im Gepäck, die dann splitternd auf dem Asphalt das Zeitliche segnen. Vamos, geht wieder rein in die Disco, die ist zwar noch lauter als ihr, aber dafür schalldicht und garantiert melodischer! Wirklich, gegen euch sind die ständigen Baustellen, hupenden Taxis und scheppernden Müllwagen gar nichts!
- **Augusthitze:** Wenn das Thermometer über 40 °Celsius klettert – und das tut es in Madrid gerne –, dann ist die Stadt erst nach Sonnenuntergang halbwegs erträglich und man sitzt im T-Shirt an der Terrasse. Nichts wie weg, sagen sich die Madrilenen selbst, verschwinden an die Küste, vor allem nach Galicien am kühlen Atlantik, und lassen die wenigen zu Hause. Sicher, es gibt dann weniger Verkehr in der Stadt, auch ein Kulturprogramm mit Freiluftkonzerten im Retiro-Park, aber dafür hat jeder zweite Laden geschlossen. Am schlimmsten ist es, wenn man nach 3 Uhr mittags aus einem kühlen Restaurant in die Hitze kommt, am besten noch nach ein bis zwei Gläsern Rotwein. Das haut einen um und spätestens jetzt sagt man sich: Das nächste Mal komm ich im Mai. Basta.

So besser nicht

- Samstags und sonntags nicht vor 11 Uhr anrufen!
- Nicht ärgern, wenn man geduzt wird, das ist hier ganz normal.
- In Sandalen und Shorts fällt man sowohl den Dieben als auch den madrilenischen Gästen am Nebentisch zu sehr auf.
- Zum Essen im Restaurant mittags nicht vor 14 Uhr und abends nicht vor 21 Uhr erscheinen.
- Nie die Bankautomaten auf der Straße nutzen, nur jene in der Schalterhalle.
- Kein Portemonnaie in der hinteren Hosentasche tragen oder in der Umhängetasche – Diebstahlgefahr!
- Bei Verabredungen nicht über Verspätungen ärgern, die Uhr tickt hier anders.
- Den beliebten „Russischen Salat" *(ensaladilla rusa)* in einfachen Kneipen meiden. Er besteht aus sehr viel Mayonnaise, und die ist nicht immer frisch.

Verkehrsmittel

Metro

Die Madrider Metro ist eine der ältesten in ganz Europa (sie existiert bereits seit dem Jahr 1919). Das Streckennetz ist über 294 km lang. Sie ist mit Abstand die **praktischste und preiswerteste Art,** in Madrid voranzukommen.

Die Züge fahren ab 6 Uhr morgens bis nachts um 1.30 Uhr. Ein **Metroplan** findet sich in der vorderen Umschlagklappe dieses Buchs. Es gibt ihn auch kostenlos in den Metrostationen.

Alle **Fahrkarten** werden **grundsätzlich auf eine Bezahlkarte gebucht,** die sogenannte **Tarjeta Multi** („Multi-Karte"). Die Karte wird von den Ticketautomaten der Metro und einigen Kiosken/Tabakgeschäften ausgegeben (man kann nach der Aufschrift „Tarjeta Multi disponible aquí" Ausschau halten), die Menüführung am Automaten erfolgt auf Spanisch, Englisch und Deutsch (nicht überall). Sie kostet einmalig 2,50 €. Auf diese Tarjeta Multi werden nun die gängigen Tickets gebucht, also Einzelfahrten, Zehner-Karten und auch der Zuschlag von 3 € für die Metro vom/zum Flughafen. Für nur 1,50–2 €, je nach Distanz, kann man im Zentrum beliebig weit fahren und umsteigen. An den Fahrkartenschaltern und am Automaten gibt es auch die preisgünstige 10-Fahrten-Karte *(Metrobús)* für 12,20 €, bis Ende 2024 ist der Preis sogar auf 6,10 € reduziert. Sie ist auch für Busse gültig. Kinder bis 4 Jahre fahren kostenlos mit. Die Zehner-Karten sind fünf Jahre gültig.

Wer viel mit öffentlichen Verkehrsmitteln unterwegs ist, sollte ein **Touristenticket** *(tarjeta turística)* auf seine Tarjeta Multi laden. Es kostet für einen Tag 10 €, bei zwei und mehreren Tagen wird es vergleichsweise noch günstiger.

Die **App** Metro de Madrid Oficial (s. S. 113) ist ein praktischer kleiner Helfer mit Stadtplänen, Infos zu Haltestellen und Routenplaner. In der Android-Version kann die App auch mit der Tarjeta Multi verknüpft werden, sodass man den Stand der gebuchten Tickets überprüfen kann.

- www.metromadrid.es

Bus

Die blauen **EMT-Busse** verkehren zwischen 6 und 23 Uhr. Danach sind die mit einem großen „N" gekennzeichneten **Buhos** („Eulen") unterwegs, die von der zentralen Plaza

de Cibeles 21 in mehrere Richtungen starten. Sie sind bis 5.30 Uhr im Einsatz. Tagsüber kommen die Busse alle 15 bis 20 Minuten, nachts in etwas längeren Abständen. An den Haltestellen sind alle Stationen der jeweiligen Linie aufgelistet und ein Pfeil markiert die Fahrtrichtung.

Zusätzlich fahren **umweltfreundliche und leise Elektro-Minibusse** auf verschiedenen Routen Mo.–Sa. zwischen 8 und 21 Uhr durch die Stadt. Für sie gelten die gleichen Fahrkarten wie für die Metro und normale Busse. Fahrpläne sind bei der Touristinformation an der Plaza Mayor (s. S. 111) erhältlich.

› **Fahrkarten:** Eine Fahrt kostet 1,50 €, das Ticket kann man in den Bussen lösen, Wechselgeld gibt es nur bis maximal 5 €. Mit der 10-Fahrten-Karte (auch für die Metro gültig) fährt man günstiger (12,20 €, bis Ende 2024 nur 6,10 €). Koffer dürfen in den Bussen nicht transportiert werden.
› www.emtmadrid.es

Der Flughafenbus **Airport Express** (s. S. 108) startet alle 15 bis 30 Minuten, tagsüber am Bahnhof Atocha 27 und rund um die Uhr an der Plaza de Cibeles 21.

Nahverkehrszüge

Cercanias (www.renfe.es/cercanias) entsprechen unseren S-Bahnen. Für Besucher attraktive Strecken sind: Príncipe Pío – Puerta del Sol – Avenida de América und Atocha – Recoletos (nahe Cibeles) – Chamartín sowie die Verbindung vom Bahnhof Atocha 27 zum Flughafen Barajas (Terminal 4) bzw. nach Príncipe Pío. Eine Fahrt kostet rund 2,60 € (Fahrzeit 38 Minuten). Die mit „C“ plus Nummer gekennzeichneten Züge sind schneller als die Metro und kosten nur wenig mehr.

Eingangsschild zur Metro-Haltestelle Las Ventas

Taxi

Es gibt nahezu 16.000 Taxis in Madrid. Die Wagen sind frei, wenn hinter der Windschutzscheibe das Schild „Libre" klemmt oder nachts die grüne Lampe auf dem Autodach leuchtet. Nach 1.30 Uhr nachts, wenn die Metro schließt, sind sie sehr gefragt, vor allem an Wochenenden. Dann besser **telefonisch bestellen.**

› **Teletaxi:** Tel. 913712131

Tagsüber bekommt man im Zentrum immer schnell ein freies Taxi. Längst hat die Stadtverwaltung **gesonderte Spuren** für Busse und Taxis auf den zentralen Straßen eingeführt.

Für 15 € kommt man per Taxi durch die ganze Innenstadt. Die **Tarife** variieren: Neben der Grundgebühr und dem Kilometergeld gibt es Zuschläge für Fahrten in der Nacht, an Wochenenden und an Feiertagen. Auch für Hunde, Fahrten zu Fußballspielen und zum Stierkampf oder zwischen Flughafen und Zentrum werden sogenannte *suplementos* („Zuschläge") kassiert.

Sollte einem der Fahrpreis zu hoch erscheinen, kann man eine Rechnung *(factura)* verlangen und bei der Touristinformation (s. S. 111) nach der aktuellen Beschwerdestelle fragen. Die häufigsten Klagen betreffen überteuerte Fahrten vom Flughafen ins Zentrum. In der Regel sind die Fahrer aber **fair, redegewandt und für ihren Stress erstaunlich freundlich.**

In Madrid operieren auch die **Fahrdienstanbieter** Uber und Bolt sowie der spanische Anbieter Cabify.

› https://bolt.eu
› https://cabify.com
› www.uber.com

Ein Taxi zu bekommen, stellt in Madrid kein Problem dar

Wetter und Reisezeit

In Madrid **regnet es wenig,** dafür sorgen die karstige Hochebene und die entlegenen Gebirgsketten, an denen die Regenwolken abprallen. Die mittlere jährliche Niederschlagsmenge liegt bei 500 mm, die relative Luftfeuchtigkeit beträgt 62 %. Die regenreichsten Monate sind Oktober und Dezember, auch im Frühjahr regnet es gelegentlich.

Das **kontinentale Mittelmeerklima** hier ist also trocken. Zwar hat das spanische Wetteramt eine Durchschnittstemperatur von 14 °C errechnet, doch sagt diese Statistik angesichts der hohen Temperaturschwankungen wenig aus. Deutlicher beschreibt der Volksmund das Klima: „Madrid, neun Monate Winter, drei Monate Hölle".

Die **Sommermonate** sind heißer und trockener als an der Küste. In dieser Zeit liegen die Temperaturen im Schnitt bei 23 °C. Durch die intensive Sonneneinstrahlung vom wolkenlosen Himmel kommt es im August zu mittleren Tagestemperaturen von 30 °C, mit **Spitzenwerten von 40 °C im Schatten.** Die meisten Madrilenen nehmen in diesem Monat Urlaub und fliehen an die Küste.

Auch der **Winter** ist hier extremer als am Meer. Im November und Dezember ist das Wetter noch **sehr wechselhaft.** Je nachdem, ob der Wind aus Süden oder Norden weht, kann man Anfang Dezember an einem Tag noch im T-Shirt ins Freie gehen und am nächsten Tag schon die Wintersachen überziehen. In den Wintermonaten liegen die Durchschnittstemperaturen bei 7,5 °C und können bis auf einige Grade unter Null sinken.

Auch wenn der Volksmund die Jahreszeiten nicht zu Unrecht in Winter und Hölle unterteilt, gibt es **gemäßigte Tage im Frühjahr und Herbst.** Trotz der gelegentlichen Temperaturschwankungen ist das Klima in diesen Jahreszeiten mild und von daher

☐ *Gegen die große Sommerhitze (und Insekten) hilft ein kühlender Sprühregen aus am Sonnenschirm befestigten Düsen*

130md Abb.: sm

für eine Stadtreise besonders geeignet. Ich selbst halte den **Mai** für den besten Reisemonat, denn zusätzlich zum milden Klima locken im Umkreis des dann stattfindenden Festes des Schutzpatrons der Stadt, San Isidro (s. S. 87), viele interessante Veranstaltungen.

Aber der raue Winter und der heiße Sommer sollte von einem Stadtbesuch nicht abhalten. Selbst der klimatisch extreme Monat August, wenn in der Stadt renoviert und gebaut wird und viele Gaststätten und Läden schließen, hat seine Reize. Als „Trost" für die Daheimgebliebenen und als Anreiz für die Touristen bietet die Stadt dann ein interessantes Sommerkulturprogramm, man steht kaum noch Schlange und der immense Verkehr nimmt deutlich ab.

An dieser Stelle noch ein Hinweis zur Kleidung: Selbst bei sehr warmen Temperaturen legen Madrilenen Wert auf **gepflegtes Aussehen.** Bermudashorts an Männerbeinen in Restaurants, der Kirche oder anderswo wirken deplatziert.

Ein Spaziergang durch Madrids Park Río (s. S. 85) ist gerade bei gutem Wetter ein Hochgenuss

Durchschnitt	Wetter in Madrid											
Maximale Temperatur	9°	11°	15°	18°	21°	27°	31°	30°	25°	19°	13°	9°
Minimale Temperatur	2°	2°	5°	7°	10°	15°	17°	17°	14°	10°	5°	2°
Regentage	7	6	10	9	9	6	2	3	6	8	9	9
	Jan	Febr	März	Apr	Mai	Juni	Juli	Aug	Sept	Okt	Nov	Dez

ANHANG

006md Abb.: tb

Kleine Sprachhilfe Spanisch

Betonung und Aussprache

Mehrsilbige Wörter, die auf einen Vokal oder auf „n" oder „s" enden, werden auf der vorletzten Silbe betont (*la concha* – die Muschel – oder *todos* – alle). Ausnahmen sind die mit Betonungsakzent versehenen Wörter (*la degustación*, die Kostprobe).

Wörter, die auf einen Konsonanten (abgesehen von „n" oder „s") oder auf einen Vokal mit sich anschließendem „y" enden (*ayer* – gestern – oder *estoy* – ich bin/ich befinde mich) müssen auf der letzten Silbe betont werden.

Nachfolgend diejenigen Buchstaben(-kombinationen), deren **Aussprache** vom Deutschen abweicht:

- **ie** „i" und „e" nacheinander gesprochen
- **ue** „u" und „e" nacheinander gesprochen
- **ei** „e" und „i" nacheinander gesprochen
- **b** am Wortanfang wie deutsches „b", sonst ein Reibelaut zwischen „b" und „w", der zum „w" tendiert (siehe „v")
- **c** vor „a", „o" und „u" wie „k" in „Kirche", vor „e" und „i" wie engl. stimmloses „th" in „thing"
- **ch** wie „tsch" in „Matsch"
- **d** wird am Wortende nicht gesprochen, oder überbetont wie ein englisches „th" in „these"
- **g** vor „a", „o" und „u" wie „g" in „Garten", vor „e" und „i" wie rauhes „ch" in „Bach"
- **gue** wie „ge" in „gehen"
- **gui** wie „gi" in „Giraffe"
- **h** ist stumm, wird nicht gesprochen
- **j** wie rauhes „ch" in „Bach"
- **ll** wie „j" in „Jäger" (das „Doppel-l" ist ein eigener Buchstabe)
- **ñ** wie „nj" in „Tanja"
- **qu** wie „k" in „Kirche"
- **r** gerolltes Zungen-r
- **s** stimmloses „s" wie in „Bus"
- **v** am Wortanfang wie deutsches „b", sonst ein Reibelaut zwischen „b" und „w", der zum „w" tendiert
- **y** wie „j" in „Jäger", am Wortende wie „i"
- **z** wie engl. stimmloses „th" in „thing"

Allgemeine Verständigung, Reisealltag und Orientierung

Guten Tag	*buenos días*
Guten Abend	*buenas tardes*
Gute Nacht	*buenas noches*
Danke	*gracias*
Keine Ursache	*de nada*
Bitte	*por favor*
ja	*si*
nein	*no*
Auf Wiedersehen	*adiós*
Bis morgen	*hasta mañana*
Bis später	*hasta luego*
Hallo! Wie geht's?	*¡Hola! ¿Como estás?*
Wie geht es Ihnen?	*¿Cómo está usted?*
Danke, gut.	*Bien, gracias.*
Ich heiße ...	*Me llamo ...*
Mein Name ist ...	*Mi nombre es ...*
Entschuldigen Sie.	*Perdone.*
Es tut mir sehr leid.	*Lo siento mucho.*
Ich spreche kein Spanisch.	*No hablo español.*
Ich verstehe nicht.	*No entiendo.*
Sprechen Sie langsamer bitte.	*Hable más despacio, por favor.*
rechts	*derecha*
links	*izquierda*
geradeaus	*derecho*
Nord	*norte*
Süd	*sur*
Ost	*este*
West	*oeste*
weit	*lejos*

+++ Die wichtigsten Wörter mit dem Bonus-Audiotrack des Kauderwelsch-

nah	*cerca*	Kirche	*la iglesia*
Richtung	*la dirección*	Polizeirevier	*la comisaría*
nach	*hacia*	Straße	*la calle*
hier	*aquí*	Weg	*el camino*
dort	*allí*	Haus	*la casa*
zu Fuß	*a pie*	Park	*el parque*
Hotel	*el hotel*	Platz	*la plaza*

Zahlen

0	*cero*	18	*dieciocho*
1	*uno*	19	*diecinueve*
2	*dos*	20	*veinte*
3	*tres*	21	*veintiuno*
4	*cuatro*	22	*veintidós*
5	*cinco*	30	*treinta*
6	*seis*	40	*cuarenta*
7	*siete*	50	*cincuenta*
8	*ocho*	60	*sesenta*
9	*nueve*	70	*setenta*
10	*diez*	80	*ochenta*
11	*once*	90	*noventa*
12	*doce*	100	*cién*
13	*trece*	1000	*mil*
14	*catorce*	10.000	*diez mil*
15	*quince*	100.000	*cien mil*
16	*dieciséis*	1.000.000	*un millón*
17	*diecisiete*		

Wetter

Wetter	*el tiempo*	Hitze	*mucho calor*
Regen	*la lluvia*	gutes Wetter	*buen tiempo*
Wind	*el viento*	schlechtes Wetter	*mal tiempo*
Wärme	*el calor*	bewölkt	*nublado*
Kälte	*el frío*	Sonne	*el sol*

Zeitangaben

heute	*hoy*	abends/nachts	*por la noche*
morgen	*mañana*	Montag	*lunes*
übermorgen	*pasado mañana*	Dienstag	*martes*
gestern	*ayer*	Mittwoch	*miércoles*
vorgestern	*anteayer*	Donnerstag	*jueves*
morgens	*por la mañana*	Freitag	*viernes*
mittags	*al mediodía*	Samstag	*sábado*
nachmittags/abends	*por la tarde*	Sonntag	*domingo*

Januar	*enero*	Juli	*julio*
Februar	*febrero*	August	*agosto*
März	*marzo*	September	*septiembre*
April	*abril*	Oktober	*octubre*
Mai	*mayo*	November	*noviembre*
Juni	*junio*	Dezember	*diciembre*

Fragewörter und Fragen

Wann?	*¿Cuándo?*
Wie?	*¿Cómo?*
Wohin?	*¿A dónde?*
Woher?	*¿De dónde?*
Warum?	*¿Por qué?*
Was?	*¿Qué?*
Wo?	*¿Dónde?*
Wie viel?	*¿Cuánto?*
Wer?	*¿Quién?*
Welche?	*¿Cuál?*
Sprechen Sie Deutsch?	*¿Habla alemán?*
Können Sie bitte wiederholen?	*¿Puede repetir, por favor?*
Wie heißt das auf Spanisch?	*¿Cómo se dice eso en español?*
Was kostet das?	*¿Cuánto cuesta esto?*
Wo gibt es ...?	*¿Dónde hay ...?*
Wie spät ist es?	*¿Qué hora es?*
Können Sie mir bitte helfen?	*¿Puede ayudarme, por favor?*

Unterkunft

Hotel	*el hotel*
Pension	*la pensión/el hostal*
Jugendherberge	*el albergue juvenil*
Rezeption	*la recepción*
Einzelzimmer	*la habitación individual*
Doppelzimmer	*la habitación doble*
Schwimmbad	*la piscina*
Garage	*el garaje*
Bett	*la cama*
Klimaanlage	*el aire acondicionado*
Ventilator	*el ventilador*
Heizung	*la calefacción*
Badezimmer	*el cuarto de baño*
Dusche	*la ducha*
Balkon	*el balcón*
Gepäck	*el equipaje*

Zimmernummer	*el número de habitación*
Stock	*el piso*
Safe	*la caja fuerte*
ärztliche Hilfe	*servicio médico*
zentrale Lage	*sitio céntrico*
Aufzug	*al ascensor*
Zugang für	*acceso para*
Vollpension	*pensión completa*
Halbpension	*media pensión*
Ich habe ein Zimmer reserviert.	*Tengo una habitación reservada.*
Um wie viel Uhr gibt es Frühstück?	*¿A qué hora se puede desayunar?*
Können Sie bitte meine Rechnung fertig machen?	*¿Puede preparar mi cuenta, por favor?*

Essen und Trinken

Restaurant	*el restaurante*
Frühstück	*el desayuno*
Mittagessen	*la comida*
Abendessen	*la cena*
belegtes Brot	*el bocadillo*
Appetithäppchen	*el pincho* (auch: *la tapa*)
Speisekarte	*la carta*
Vorspeisen	*las entradas*
Hauptspeise	*el plato principal*
Nachspeise	*el postre*
Suppe	*la sopa*
Fisch	*el pescado*
Meeresfrüchte	*los mariscos*
Fleisch	*la carne*
Brot	*el pan*
Butter	*la mantequilla*
Marmelade	*la mermelada*
Zucker	*el azúcar*
Salz	*la sal*
Die Speisekarte bitte.	*La carta, por favor.*
Die Rechnung bitte.	*La cuenta, por favor.*
Wasser	*el agua*
Milch	*la leche*
Kaffee	*el café*
Milchkaffee	*el café con leche*
Sekt	*el champán*
Weißwein	*el vino blanco*
Rotwein	*el vino tinto*
Bier	*la cerveza* (meist Flaschenbier)
frisch gezapftes Bier	*la caña*

Transport

Bus	*el autobús*
Zug	*el tren*
Busstation	*la estación de autobuses*
Linie	*la línea*
Bahnhof	*la estación de trenes*
Bahnsteig	*el andén*
Hochgeschwindigkeitszug	*el tren de alta velocidad*
Zuschlag	*el suplemento*
Taxi	*el taxi*
Flug	*el vuelo*
Flughafen	*el aeropuerto*
Auskunft	*la información*
Abfahrt	*la salida*
Ankunft	*la llegada*
Fluggesellschaft	*la compañía aérea*
Flugplan	*el horario de vuelos*
Rückflug	*el vuelo de regreso*
Bootsfahrt	*el viaje en barco*
Wo kann man den Bus nach ... nehmen?	*¿Dónde se puede coger el autobús para ...?*
Wo halten die Busse nach ...?	*¿Dónde paran los autobuses para ...?*
Fährt dieser Bus nach ...?	*¿Va este autobús a ...?*
Wie lange dauert es bis ...?	*¿Cuánto se tarda hasta ...?*

Einkaufen

Geschäft	*la tienda*
Supermarkt	*el supermercado*
Größe	*la talla*
teuer	*caro*
billig	*barato*
bezahlen	*pagar*
Bäckerei	*la panadería*
Konditorei	*la pastelería*
Markt	*el mercado*
Buchhandlung	*la librería*
Schuhgeschäft	*la zapatería*
Zeitschrift	*la revista*
Zeitung	*el periódico*
Haben Sie ...?	*¿Tiene usted ...?*
Wo kann ich ... kaufen?	*¿Dónde puedo comprar ...?*
¿Wie viel kostet das?	*¿Cuánto cuesta esto?*

Krankheit und Notfälle

Unfall	*el accidente*
Apotheke	*la farmacia*
Arzt	*el médico*
Zahnarzt	*el dentista*
Sprechstunde	*la consulta*
Krankenhaus	*el hospital/ la clínica*
Krankenwagen	*la ambulancia*
Notfallabteilung (im Krankenhaus)	*urgencias*
Notfall	*la urgencia*
Ich bin krank.	*Estoy enfermo.*
Hilfe! (als Hilfeschrei)	*¡Socorro!*
Kopfschmerzen	*dolor de cabeza*
Zahnschmerzen	*dolor de muelas*
Bauchschmerzen	*dolor de vientre*
Rückenschmerzen	*dolor de espalda*
Magenschmerzen	*dolor de estómago*

Wer sich näher mit dem Spanischen befassen möchte, dem sei der Kauderwelsch-Band „Spanisch – Wort für Wort" aus dem Reise Know-How Verlag empfohlen.

Register

Impressum

Tobias Büscher

CityTrip Madrid

6., neu bearbeitete und aktualisierte Auflage 2024

ISBN 978-3-8317-3876-2

Printed in Germany

Druck und Bindung: mediaprint solutions GmbH, Paderborn

Redakteur dieser Auflage: Hans-Jürgen Fründt
Herausgeber: Klaus Werner
Layout: amundo media GmbH (Umschlag, Inhalt), Peter Rump (Umschlag)
Lektorat: amundo media GmbH
Karten: Ingenieurbüro K. Wendler, amundo media GmbH
Anzeigenvertrieb: KV Kommunalverlag GmbH & Co. KG, Alte Landstraße 23, 85521 Ottobrunn, Tel. 089 928096-0, info@kommunal-verlag.de
Kontakt: Reise Know-How Verlag Peter Rump GmbH, Osnabrücker Str. 79, 33649 Bielefeld, Deutschland, Tel. +49-521-946490, info@reise-know-how.de

Alle Angaben in diesem Buch sind gewissenhaft geprüft. Preise, Öffnungszeiten usw. können sich jedoch schnell ändern. Für eventuelle Fehler übernehmen Verlag wie Autor keine Haftung.

Bildnachweis

Umschlagvorderseite: ©pacoparra, stock.adobe.com | Umschlagrückseite: ©Alex Segre, stock.adobe.com
Umschlagklappe rechts: Ingolf Pompe
Soweit ihre Namen nicht vollständig am Bild vermerkt sind, stehen die Kürzel an den Abbildungen für die folgenden Fotografen, Firmen und Einrichtungen. Tobias Büscher (Autor): tb | Ingolf Pompe: ip | Petra Sparrer: ps | Hans-Jürgen Fründt: hf | Susanne Muxfeldt: sm

Liste der Karteneinträge

Hier nicht aufgeführte Nummern liegen außerhalb der abgebildeten Karten. Ihre Lage kann aber wie die von allen Ortsmarken im Buch mithilfe der Web-App angezeigt werden (s. S. 143).

Benutzungshinweise

Cleveres Nummernsystem

Die Sehenswürdigkeiten sind im Text und im Kartenmaterial mit derselben **magentafarbenen ovalen Nummer** ❶ markiert. Alle anderen Lokalitäten wie Geschäfte, Restaurants usw. tragen ein **Symbol und eine fortlaufende rote Nummer** (1).

Bewertung der Sehenswürdigkeiten

★★★ nicht verpassen
★★ besonders sehenswert
★ wichtig für speziell interessierte Besucher

Planquadrat im Kartenmaterial

[A1] Orte ohne diese Angabe liegen außerhalb unserer Karten. Alle Ortsmarken werden in der buchbegleitenden Web-App angezeigt (s. S. 143).

Der Schmetterling ...

zeigt an, wo man Angebote im Bereich des nachhaltigen Tourismus findet.

Mein Tipp

Persönliche Empfehlungen des Autors bzw. der Autoren.

Preiskategorien

Gastronomie

€	bis 15 €
€€	15–30 €
€€€	ab 30 €

(Preise für ein Hauptgericht)

Unterkünfte

€	bis 120 €
€€	120–180 €
€€€	ab 180 €

(Durchschnittlicher Preis für ein Doppelzimmer pro Nacht. Die Preise können je nach Saison oder sogar nach Wochentag stark schwanken.)

Updates zum Buch

www.reise-know-how.de/citytrip/madrid24

Vorwahlen

- **Spanien:** 0034
- **Deutschland:** 0049
- **Schweiz:** 0041
- **Österreich:** 0043

Zeichenerklärung

Hauptsehenswürdigkeit

Arzt, Apotheke, Krankenhaus
Bar, Club
Bibliothek
Café
Denkmal
Geschäft, Markt
Fischrestaurant
Hotel, Unterkunft
Informationsstelle
Jugendherberge, Hostel
Kirche
Kino
Metro
Museum
Musikszene, Disco
Parkplatz
Polizei
Post
Restaurant
Sehenswürdigkeit
Sonstiges
Sporteinrichtung
Theater
Vegetarisches Lokal

Shoppingareale
Gastro- und Nightlife-Areale
Stadtspaziergang (s. S. 12)

Wochentage

Wochentage werden in Stadtmagazinen und Zeitungen oft abgekürzt:

L *Lunes* – Montag
M *Martes* – Dienstag
X *Miércoles* – Mittwoch
J *Jueves* – Donnerstag
V *Viernes* – Freitag
S *Sábado* – Samstag
D *Domingo* – Sonntag

Abkürzungen

- I, iz, izqu: *izquierda* – links
- D, derr: *derecha* – rechts
- s/n: *sin número* – ohne Nummer
- Av, Avda: *Avenida* – Allee
- Abto: *abierto* – offen
- Cerr: *cerrado* – geschlossen
- Gran Vía 35, 3 D: Gran Vía 35, 3. Stock rechts

Madrid mit PC, Smartphone & Co.

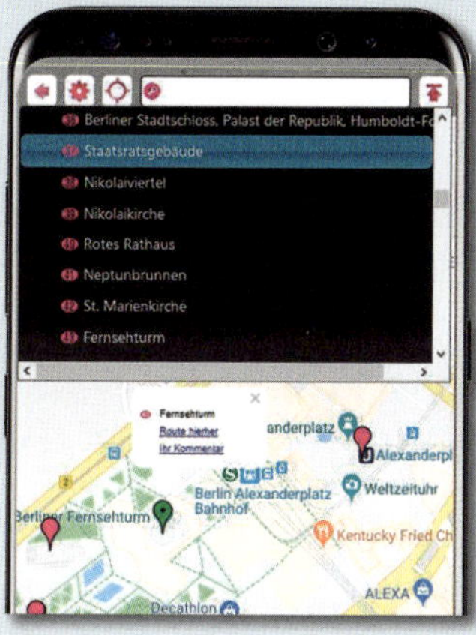

QR-Code auf dem Umschlag scannen oder **www.reise-know-how.de/citytrip/madrid24** eingeben und die **kostenlose Web-App** aufrufen (Internetverbindung zur Nutzung nötig)!

★**Anzeige der Lage und Satellitenansicht aller** beschriebenen Sehenswürdigkeiten und touristisch wichtigen Orte
★**Routenführung** vom aktuellen Standort zum gewünschten Ziel
★**Exakter Verlauf** des empfohlenen Stadtspaziergangs
★**Audiotrainer** der wichtigsten Wörter und Redewendungen
★**Updates** nach Redaktionsschluss

GPS-Daten zum Download

Die GPS-Daten aller Ortsmarken und des Stadtspaziergangs stehen auf der Produktseite des Titels auf www.reise-know-how.de zum Download zur Verfügung.

Stadtplan für mobile Geräte

Um den Stadtplan auf Smartphones und Tablets nutzen zu können, empfehlen wir die App „Avenza Maps" der Firma Avenza™. Über die Funktion „Store" kann die „Citymap Madrid 2024" kostenlos geladen werden.

Die Information über und die Bereitstellung von digitalen Zusatzinhalten (z. B. Web-App, Links, GPS-Tracks o. Ä.) ist eine freiwillige Zusatzleistung des Verlages, auf die kein Anspruch besteht und für deren Richtigkeit aufgrund der Veränderlichkeit solcher Informationen auch nicht gehaftet werden kann. Insbesondere behält sich der Verlag deshalb vor, die Bereitstellung und die Zugriffsmöglichkeit zeitlich zu befristen und den Zugriff hierauf auch vorfristig abzuschalten.

Madrid, Ausschnitt Zentrum

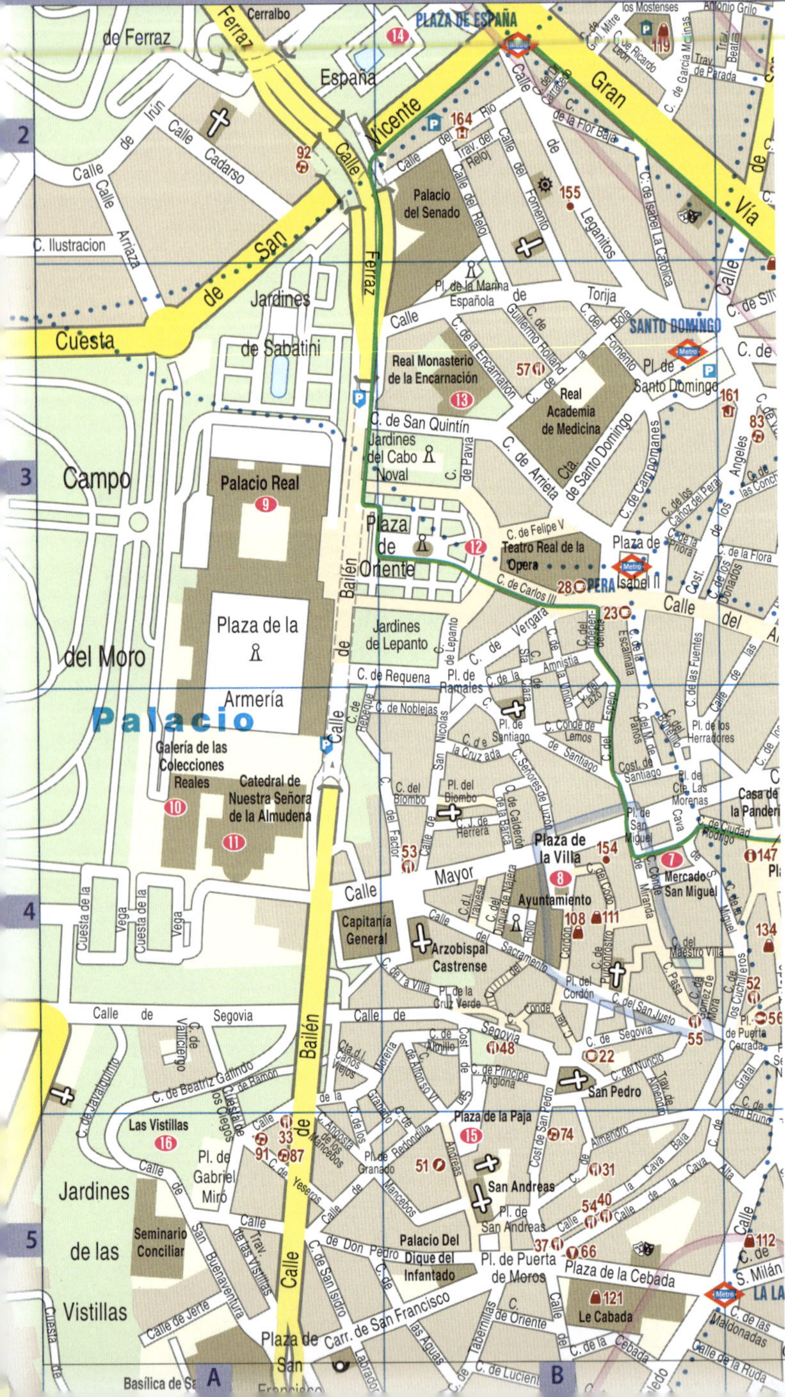